Yan Bian

Land der Tugend

Eine junge Chinesin erlebt Deutschland

Inhaltsverzeichnis

Vorwort

In diesem Buch schildere ich meine Erlebnisse, Eindrücke und Erkenntnisse aus meiner Sicht als junger Chinesin, die drei Jahre ihres Lebens in Deutschland verbracht hat. Jetzt werden Sie möglicherweise einwenden: Drei Jahre sind doch eine viel zu kurze Zeit, um ein fremdes Land richtig kennenzulernen. Das ist richtig, und deshalb erhebt mein Buch auch nicht den Anspruch, eine wissenschaftliche Analyse zu sein, und das obwohl ich von mir sagen darf, eine sehr wache und intensive Beobachterin zu sein.

Meine Erfahrungen sind so subjektiv und unausgegoren wie sie von einer dreiundzwanzigjährigen Chinesin nur sein können. Deshalb fand ich damals auch, dass es eine ganz blöde Schnapsidee sei, als mein deutscher Mitbewohner und guter Freund meinte, ich solle unbedingt ein Buch über mein Deutschlandbild schreiben. Meine kurzen schriftlich aufgezeichneten Skizzen und mein in seinen Augen „frischer und unverdorbener" Blick auf Deutschland und Europa, den ich in zahlreichen Gesprächen offenbart hätte, seien einfach köstlich und unbezahlbar. Und Deutsche würden es lieben zu erfahren, wie man sie ganz subjektiv als jemand wahrnimmt, der aus einer ganz anderen Ecke der Welt kommt und ganz unbelastet ist von in Deutschland herrschenden Denkmustern und Konventionen, und der kaum eine Ahnung davon hat, was sich hierzulande zu sagen geziemt und was nicht.

Mir ist es indes immer noch unangenehm, in diesem Buch zum Teil Dinge auszudrücken, die zumindest Stirnrunzeln hervorrufen würden, wenn ein einheimischer Deutscher sie zum Besten geben würde. Aber einer jungen Chinesin, so der einhellige Tenor aller meiner deutschen Freundinnen und Freunde, würde niemand diese Ergüsse übel nehmen, ganz im Gegenteil. Darauf verlasse ich mich jetzt einfach mal und gehe das Risiko ein, auch negative Reaktionen zu erhalten: Was fällt dieser naiven und vorlauten Asiatin eigentlich ein, uns Deutschen einen solchen Zerrspiegel vorzuhalten?

In so einem Fall möchte ich erwidern, dass ich all das, was Sie jetzt lesen werden, auf keinen Fall böse meine, und ich hoffe, es schimmert im ganzen Buch durch, dass mein Blick auf Deutschland und die Deutschen nicht nur ein manchmal kritischer und belustigter, sondern fast immer auch ein sehr liebevoller und bewundernder ist.

Kapitel 1: Deutschland, ein Bilderbuch

Landschaften wie aus dem Poesie-Album. Warum Asiaten sich für Deutschland begeistern

Landschaften wie aus dem Poesie-Album

Immer wenn ich mich Deutschland im Flugzeug sitzend nähere, kann ich mich nicht satt sehen an dieser wie von Künstlerhand geschaffenen Landschaft, die ich mit aufgerissenen Augen genieße, zumindest solange Wolkenlücken den Blick nach unten freigeben. Sanfte grün bewaldete Hügel und Felder wechseln sich mit properen Städtchen ab. Selbst die vielen kleinen Fabriken, die jede größere Siedlung aufzuweisen hat, sehen schön und sauber aus und fügen sich harmonisch in das Gesamtgemälde ein.

Auch andere Länder haben schöne Landschaften, aber irgendwann überfliegt man dann zwangsläufig einen riesigen Städtemoloch, oft umringt von einem breiten Industriegürtel, durch dessen Rauchschwaden der Flieger sich erst hindurchkämpfen muss, bevor er seinen Zielflughafen erreicht. Nicht so in Deutschland. Selbst die Hauptstadt Berlin ist im Grunde genommen eine von sehr vielen grünen Lungen durchwobene Ansammlung mehrerer kleiner Städtchen. In deutschen Bahnhöfen sieht man manchmal eine Anlage mit einer Miniaturlandschaft, durch die man gegen den Einwurf einer Euromünze ein paar Eisenbahnen jagen kann. Diese idealisierte Idylle unterscheidet sich kaum von jenem Deutschland, das sich einem aus der Luft darbietet.

Bei meinen Flügen habe ich des Öfteren Google Maps auf meinem Smartphone parat, um das, was ich unter mir sehe, zu vergleichen und einzuordnen. Wenn ich nach Köln fliege, ist das märchenhafte Siebengebirge, dass sich sanft und erhaben an den Rhein schmiegt, das untrügliche Zeichen dafür, dass bald die Landung erfolgt, und wenn man Glück hat, wird noch eine Schleife über Köln geflogen, so dass man den Kölner Dom sehen kann, eines der wundervollsten Wahrzeichen Deutschlands.

Das Deutschlandbild ändert sich auch nicht, wenn man am Boden unterwegs ist. Kaum eine Woche, nachdem ich zum ersten Mal als Au-Pair-Mädchen in Deutschland gelandet war, nahm meine in Bonn wohnende Gastfamilie mich zu einem Ausflug ins Ahrtal mit. Ich kam aus dem Staunen nicht mehr heraus, und überlegte sogar kurz, ob ich vielleicht gerade optisch getäuscht werde, dass ich womöglich eine Videobrille trage, auf der mir diese traumhaft schöne Landschaft vorgegaukelt wird. Ein reißendes Flüsschen, an dessen Ufern sich wie von Meisterhand choreographiert schroffe Felsen, steile Weinberge, uralt anmutende Städtchen und verwunschene Burgen abwechseln. Schöner als es je ein Filmkulissenbauer basteln könnte, viel wunderbarer als eine phantastische Hobbit-Landschaft in „Herr der Ringe".

Warum Asiaten sich für Deutschland begeistern

Möglicherweise sind wir Chinesen besonders verrückt nach solchen Landschaften, denn bald musste ich feststellen, dass meine Deutschkurskameraden aus anderen Teilen der Welt gar keinen Sinn für solche Dinge hatten, auf Ausflügen fast nur auf ihr Handy blickten und lediglich mit der Achsel zuckten oder spöttisch lächelten, wenn ich sie auf etwas in meinen Augen abgrundtief Schönes aufmerksam machen wollte.

Und auch die deutschen Einheimischen selbst sehen sehr viel nüchterner auf ihr Land und wundern sich oft über diese verrückten Schlitzaugen, die so andächtig auf europäische Landschaften, europäische Musik und europäische Literatur blicken. Hier ein paar Beispiele:

In China hat man das österreichische Städtchen Hallstatt komplett in Originalgröße nachgebaut, und es werden Unsummen dafür bezahlt, dort wohnen zu dürfen. Wenn man sich die großen Orchester der Welt anschaut, die klassische Musik spielen, dann sieht man überall fast viel mehr asiatische Gesichter als es dem Anteil der Bevölkerung entsprechen würde, und bei den Gewinnern des deutschen Musikwettbewerbs „Jugend musiziert" deuten mehr als die Hälfte der Namen auf eine asiatische Herkunft hin. Und in Südkorea, aber auch in China und Japan, ist ein regelrechter Herrmann-Hesse-Wahn unter Jugendlichen entbrannt, nachdem die international bekannte koreanische Boygroup BTS Hesses Buch „Demian" in ihren Songs verarbeitet und ein in diesem Roman erwähntes Orgelstück des Barock-Komponisten Buxtehude promotet hat.

Deutsche empfinden diese Begeisterung oft als „unkritisch" oder als einfältige Nachahmerei. Es mag sein, dass wir Asiaten uns nicht in die tiefen Gefühlswelten eines Deutschen oder allgemein eines Europäers hineinversetzen können. Vielleicht kommt bei uns auch ein ganz anderer Gefühlsmix als bei einem Europäer dabei heraus, wenn wir romantische Städtchen genießen, klassischer Musik von Bach bis

Schostakowitsch lauschen oder eine Übersetzung von Goethes Werther lesen. Vermutlich ist dieser Gefühlsmix seichter als bei einem einheimischen Europäer.

Aber ich kann Ihnen versichern: Diese Gefühle empfinden wir auf unsere eigene Art als tief und erhaben, und wir haben kein Problem damit, das zuzugeben. Vielleicht auch deswegen, weil uns dabei kein Zacken von der Krone fällt, genauso wie umgekehrt ein Deutscher keinen Minderwertigkeitskomplex bekommen muss, wenn er sich in Zen-Philosophie oder Kung Fu versenkt oder die Schönheit einer asiatischen Frau, eines chinesischen Karstberges oder einer japanischen Teekanne bewundert, die auf Kintsugi-Art zusammengeflickt wurde.

Kapitel 2: Nachdenken über das Deutsche

Die hohe Kunst der deutschen Sprache. Der Weltgeist in einer deutschen Sprachschule

Die hohe Kunst der deutschen Sprache

Als Au-pair-Mädchen in Deutschland hat man auch die Gelegenheit, neben seinen eigentlichen Au-pair-Aufgaben, also der Hilfe bei Kinderbetreuung und Haushalt, einen Deutschkurs in einer Sprachschule zu besuchen. Ich hatte das Glück, in meinem ersten Deutschlandjahr eine wundervolle Au-pair-Familie in Bonn erwischt zu haben, die aus Mutter, Vater, einer zwölfjährigen Tochter und einem dreijährigen Sohn bestand.

Alle halfen mir rührend beim Deutschlernen und bei den Hausaufgaben, und ohne meine Gastfamilie hätte ich sehr vieles beim besten Willen nicht verstehen können. Für einen Chinesen gehört es zu den größten intellektuellen Herausforderungen, eine Fremdsprache zu lernen, gerade auch was Englisch und vor allem was Deutsch angeht.

Klar ist es für einen Europäer auch schwer, Chinesisch zu lernen, aber das liegt vor allem an der chinesischen Hieroglyphen-Schrift, während andersherum alle Chinesisch-Lernenden bestätigen werden, dass die chinesische Grammatik sehr einfach ist, denn es gibt bei uns keine Deklinationen und Konjugationen, also auch keine Fälle wie Genitiv, Dativ oder Akkusativ, ganz zu schweigen von den Dutzenden von Kasus im Finnischen, Ungarischen, Baskischen oder Georgischen.

Man muss für Chinesisch also keine Grammatikregeln pauken und braucht somit auch keine Ausnahmen von irgendwelchen Regeln zu kennen. Von Regeln und Ausnahmen gibt es aber im Deutschen jede Menge. Und diese Regeln und Ausnahmen halten sich nicht an irgendein System, sondern muten absolut willkürlich an. Man muss also, wenn man ein deutsches Hauptwort lernt, direkt auch das Geschlecht, den Plural, den Akkusativ und einiges mehr sofort mitlernen, und bei jedem einzelnen Verb muss man ein paar Dutzend Formen verinnerlichen. Ich will jetzt nicht ins Detail gehen, aber glaubt mir: Ohne unbändigen Fleiß und ohne unendlich viel Übung ist es unmöglich, Deutsch zu lernen, wenn man aus China kommt.

Die Grammatik einer europäischen Sprache ist für uns Chinesen in etwa so verwirrend, wie wenn in der Mathematik zwei und zwei nicht immer vier ergeben würde, sondern auch mal fünf, wenn die erste Zwei anders betont wird, oder drei, wenn die zweite Zwei vor der ersten Zwei steht. Verstehen Sie auch nicht, was ich meine? Genau so geht es einem Chinesen, der es von seiner eigenen Sprache her gewohnt ist, geradlinig zu denken, geradlinig zu rechnen und geradlinig zu sprechen. Und das große Wunder ist, dass man mit der deutschen Sprache, wenn man sie trotz der enormen Hürden einmal beherrscht, objektive Sachverhalte und subjektive Empfindungen messerscharf zu sezieren und zu analysieren vermag.

Aber diese hohe Kunst der deutschen Sprache wird selbst den allerfleißigsten und masochistischsten Chinesen für immer verschlossen bleiben. Industriespione haben schon scherzhaft gemutmaßt, dass die deutsche Sprache erfunden wurde, um den Transfer wissenschaftlicher Erkenntnisse unmöglich zu machen. Aber netterweise veröffentlichen deutsche Wissenschaftler ihre Forschungsergebnisse meistens auf Englisch, was für uns dann doch wesentlich einfacher zu verstehen ist, zumal das wissenschaftliche Englisch an ein internationales Lesepublikum angepasst ist.

Die Beherrschung der deutschen Sprache aber gelingt einem Chinesen nur, wenn man entweder zu den ganz wenigen Sprach-Megatalenten gehört, oder wenn man so angetan und besessen ist von dieser Sprache, dass man sie mit fanatischer Willenskraft und unter Zuhilfenahme aller innerer und äußerer Ressourcen zu bewältigen sucht, wenn man also bildlich gesprochen alle sieben Kammern der Shaolin durchschreitet.

Der Weltgeist in einer deutschen Sprachschule

Leider gehöre ich nicht zu den Megasprachtalenten, und so musste ich durch die ganz harte Schule der deutschen Sprache gehen. Und wenn der vorliegende Text jetzt gar nicht so klingt, als stamme er von einer jungen Chinesin, dann liegt das daran, dass mein Deutschlehrer mit großem Engagement lektoriert und versucht hat, meine Gedanken in eine lesbare Form zu bringen, ohne sie inhaltlich zu entstellen. An dieser Stelle also danke ich vor allem meinem lieben Deutschlehrer, aber auch meinem Mitbewohner und gutem Freund dafür, mich so tatkräftig bei der Verfassung dieses Textes unterstützt zu haben!

Meine deutsche Sprachschule in Bonn war übrigens nicht nur im Hinblick auf die deutsche Sprache eine einmalige Erfahrung für mich. Zum ersten Mal in meinem Leben lernte ich nämlich auch Menschen aus Ländern kennen, die ich in China nur sehr oberflächlich vom Erdkunde-Unterricht her kannte. Die beste in unserem Kurs war eine Kenianerin. Sie bestand alle Klausuren ausnahmslos mit der Note eins, und obwohl ich mir immer eine Scheibe von ihr abschneiden wollte, gelang es mir nicht, auch nur annähernd so gut zu sein wie sie. Das freute mich umso mehr, als sehr viele Chinesen Vorurteile gegenüber Afrikanern haben. Die gelten bei uns als manchmal begriffsstutzig und nicht sehr fleißig, und ich war schon vorher der Ansicht, dass dies nicht unbedingt stimmen muss, obwohl ich ja in China und nicht im politisch korrekten Europa sozialisiert wurde.

Diese Kenianerin jedenfalls würde den allermeisten Chinesen mit links zeigen, wo beim Sprachenlernen der Hammer hängt. Dann gab es einen Russen, und der wiederum entsprach genau dem Klischee, wie es nicht nur von Westeuropäern, sondern auch von uns Chinesen gezeichnet wird: Der Russe ist genial, aber chaotisch und emotional, und er lässt keine Gelegenheit aus, einen über den Durst zu trinken. Im chinesischen Science Fiction „Die wandernde Erde" aus dem Jahre 2019 wird die Welt natürlich ganz ohne die Amerikaner und fast ganz allein von den Chinesen gerettet, und der einzige Ausländer, der ein wenig zur Rettung beitragen darf, ist ein versoffener Russe von der internationalen Raumstation Mir.

Der Russe in unserem Deutschkurs war sehr spendabel, wenn einer von uns anderen Geburtstag hatte oder wenn eine Karnevalsparty anstand. Dann brachte er immer eine

Flasche Wodka mit, wovon er meistens die Hälfte selbst trank, die andere Hälfte teilten sich die Polin, der Brasilianer und unser Deutschlehrer untereinander auf, während die Kenianerin und ich nur so viel nippten, wie in einen Plastik-Fingerhut passte, denn sonst wären wir auf der Stelle umgekippt.

Die anderen Teilnehmer des Kurses waren Araber, und von denen trank keiner auch nur einen Schluck, doch ließen sie sich trotzdem von der zunehmenden Heiterkeit des Russen anstecken, so dass die Kenianerin und ich die Kursparty vorsichtshalber immer ein wenig früher verließen, meistens wenn der Russe und die Polin sich anschickten, auf den Tisch zu klettern, um einen Kosakentanz darzubieten. So lernte ich im Deutschkurs zunächst einmal viel weniger über die Mentalität der Deutschen, als vielmehr über Sitten, Bräuche und Verhaltensweisen von Russen, Polen, Brasilianern und Arabern.

Auf der nächsten Seite sehen Sie eine der Illustrationen zu diesem Buch. Ich kann überhaupt nicht malen. Ich kann nicht, was ja untypisch für eine Chinesin sein soll, irgendetwas anständig kopieren oder malen, geschweige denn aus dem Gedächtnis malen. Die schlechteste Note auf der chinesischen Schule hatte ich im Fach Kunst. Und auch auf der deutschen Sprachschule bescheinigten mir alle Kursfreunde aus Anlass einer Übung, wo wir im Rahmen einer Hörverständnis-Übung eine Situation bildlich darstellen sollten, dass meine Malereien zum Totlachen sind. Gerade deswegen, so mein sehr progressiver Deutschlehrer und Stilberater, sei es eine köstliche Idee, mein Buch mit selbstgemalten Skizzen anzureichern. Minimalistischer Trash sei erstens in

Deutschland total hip, und zweitens könne man auf diese anschauliche Art das Vorurteil abbauen, alle Chinesen seien geborene kalligraphische Naturtalente.

Kapitel 3: Deutsches Essen

Deutsch-chinesische Gaumenfreuden und Mutproben. Der Weltfrieden geht durch den Magen. Ein Báizuǒ im China-Restaurant

Deutsch-chinesische Gaumenfreuden und Mutproben

In China wurde ich von meiner Au-pair-Agentur schon seelisch darauf vorbereitet, dass sich das Essen in einer deutschen Familie fundamental vom Speiseplan in China unterscheidet, und dass man notfalls auch jegliche chinesische Höflichkeit über Bord werfen sollte, wenn es darum geht, in Anwesenheit der deutschen Gastfamilie seinen Teller zu leeren.

Die Deutschen, so wurde uns versichert, seien überhaupt nicht böse, wenn es einem Ausländer nicht schmecke, und deshalb sollte man sich auf keinen Fall aus übertriebener Rücksichtnahme in Lebensgefahr begeben, wenn es etwa darum geht, sich sauren Fisch, verschimmelten Käse oder Salat aus rohen Möhrenstücken einzuverleiben. Die Deutschen würden selbst einsehen, dass sie das Kochen nicht erfunden hätten und sehr gerne auch mal Italienisch, Amerikanisch oder Asiatisch auftischen.

Das unterscheide sie zum Beispiel von den Engländern, die das Kochen zwar noch viel weniger erfunden hätten, die aber umso mehr darauf bestehen würden, dass das blutige Steak mit Pfefferminzsauce dem ausländischen Gast gefälligst zu schmecken habe. Das ist übrigens einer der Gründe, warum viele Chinesen, wenn sie ein europäisches Land für ihre Au-pair-Tätigkeit zur Auswahl haben, doch lieber nach Deutschland als nach England kommen, obwohl sie dann eine neue und sehr schwierige Sprache lernen müssen.

Man muss nämlich wissen, dass für den Chinesen das Essen das Allergrößte ist. Vor die Wahl gestellt, auf was man unter keinen Umständen verzichten würde, auf gutes Essen, auf Sex oder auf ein pralles Bankkonto, würde jeder Chinese auch ohne nur mit der Wimper zu zucken das gute Essen wählen. In Europa ist das ganz anders. Selbst bei den meisten Franzosen oder Italienern, denen man ja ein völlig übersteigertes Feinschmeckertum nachsagt, würde das gute Essen nur auf Platz drei landen. Und das ist mal ein Vorurteil, das ich während meiner Erfahrungen in Europa in vollem Umfang bestätigt bekommen habe.

In Europa geht Liebe sprichwörtlich durch den Magen. Hier ist das Essen also ein Mittel zum Zweck. In China aber ist es andersrum: Man verliebt sich, um zu zweit schlemmen zu können, und man verdient Geld, um sich die besten und mannigfaltigsten Gaumenfreuden leisten zu können.

Der Weltfrieden geht durch den Magen

Ich habe sogar eine eigene Theorie entwickelt: Menschen, in deren Kultur das Essen eine untergeordnete Rolle spielt, sind so rastlos, dass sie geniale technische Erfindungen machen, sie sind aber auch so unausgeglichen, dass sie viel aggressiver sind und gerne andere Länder erobern und fremde Erdteile unterjochen. Erst nachdem die europäischen Eroberer die Köstlichkeiten der Welt kennen und genießen gelernt hatten, ließ ihr Expansionsdrang nach. So ähnlich war es wohl auch schon bei den Römern. Als sie ihren Speiseplan durch allerlei Waren aus ihrem Reich enorm erweitert hatten, war es auf einmal viel schöner, ein ordentliches Fressgelage zu veranstalten als einen Blitzkrieg gegen Kelten oder Germanen zu führen.

Diese dekadente Nachlässigkeit führte bekanntlich zum Untergang des Römischen Reiches. Bei den Chinesen war es ganz anders. Ihnen stand von Anfang an dank ihrer Geographie eine Riesenpalette von Nahrungsmitteln zur Verfügung, so dass Expeditionen ins Ausland nur wenig Reiz ausübten. So begnügte man sich damit, ein paar unruhige Nachbarregionen zu unterwerfen und gegen die hungrigen Reitervölker aus dem Norden einen Schutzwall zu errichten.

Dabei ist der Chinese durchaus sehr ergebnisoffen und mutig, was kulinarische Abenteuer angeht. Durch Dürrekatastrophen und Hungerjahre haben die Menschen in den unterschiedlichen Regionen des Riesenlandes gelernt, auch die abwegigsten Dinge auszuprobieren. So kommt es zu Essgewohnheiten in einigen Regionen, die in Europa für Entsetzen sorgen, etwa gesottene Hunde und Schwalbennester in Teilen Südchinas, oder sogenannte „hundertjährige" halbfaule Eier. Das mit den Hunden, und da kann ich meine Freunde in Deutschland ein wenig beruhigen, betrifft in China wirklich nur eine verschwindend kleine Minderheit.

China ist von der Fläche her doppelt so groß wie die EU und hat fast dreimal so viele Einwohner. Entsprechend groß ist auch die Vielfalt, was Essensbräuche angeht. Inzwischen gibt es auch in China eine sehr einflussreiche Tierschutzbewegung, die es zum Beispiel ganz scheußlich findet, dass es in einem abgelegenen Ort in Südchina immer noch ein jährliches Festival für Hundeliebhaber gibt. Aber man sollte nicht ganz China dafür in Sippenhaft nehmen, genauso wenig wie ein Chinese ganz Europa als einheitliche Kultur sehen und sich dann darüber aufregen sollte, dass „man in Europa lebendige Stiere mit Lanzen durchbohrt" und dann deren Hoden aufisst, obwohl der Europakenner weiß, dass das nur ein paar Spanier so praktizieren.

Und das mit dem verschimmelten Käse ist für den Chinesen tatsächlich nicht nur auf den ersten Blick und auf den ersten Bissen unfassbar widerwärtig und gesundheitsschädlich. Denn die Chinesen als altes Ackerbauvolk haben eine nur unzureichende Laktosetoleranz entwickelt, und so verursacht schon normaler Käse bei den meisten von uns aufrichtige Übelkeit. Da hilft es auch nicht, dass viele chinesische Gesundheitsexperten trotzdem zu einem Gläschen Milch raten, da dies gut für das Knochenwachstum sei.

Aber bei allen anderen Dingen sind die meisten Chinesen sehr experimentierfreudig. Wenn man in einer deutschen Touristenhochburg mal ein gutbürgerliches Restaurant besucht, dann sind von den ausländischen Gästen die meisten Chinesen. Und in fast jedem Deutschland-Reiseführer, der von Chinesen für Chinesen geschrieben wurde, wird wärmstens empfohlen, sich unbedingt mal ein Eisbein oder zumindest ein Kasseler mit Sauerkraut und Stampfkartoffeln zu bestellen, wenn nicht sogar einen pfälzischen Saumagen mit Germknödeln. Nur die Angsthasen unter den chinesischen Touristen gehen nicht über eine Currywurst, ein Wiener Schnitzel oder einen Döner hinaus.

Döner gilt in China übrigens als typisch deutsche Delikatesse, denn die meisten chinesischen Reiseleiter haben nicht ausreichend recherchiert, um festzustellen, dass der Döner eigentlich eine erst wenige Jahrzehnte alte türkische Spezialität ist. Und all die eben erwähnten deutschen Speisen werden in der Regel von uns Chinesen auch gegessen, bis der Teller leer ist, weil sie nämlich dem chinesischen Gaumen zwar etwas exotisch, aber nicht unangenehm, oft sogar sehr lecker anmuten. Ich persönlich lasse mir keine Gelegenheit entgehen, ein gut paniertes Schweineschnitzel mit Jägersauce und Bratkartoffeln zu verspeisen, auch wenn ich es hier mit wahrscheinlich doppelt so vielen Kalorien zu tun habe wie bei einer Pekingente.

Und wenn man ein wenig in Deutschland herumkommt, entdeckt man eine ungeahnte Vielfalt an Gerichten, zumindest wenn man sich traut, in ein Restaurant mit deutscher Küche zu gehen, wo man neben Asiaten fast nur ältere Deutsche antrifft, während der junge moderne Deutsche in die Pizzeria, in die Pommesbude, zum Veganer, in einen hippen Burger-Laden oder „zum Chinesen" geht.

Ein Báizuǒ im China-Restaurant

Zu den chinesischen Restaurants in Deutschland muss ich natürlich auch meinen Senf dazugeben. Irgendwann vor ein paar Jahrzehnten muss unter auswanderungswilligen Chinesen mal eine Gebrauchsanleitung für den Betrieb eines China-Restaurants kursiert sein, an die sich alle Wirte mit sklavischer Genauigkeit halten. Denn das Speisenangebot in allen chinesischen Restaurants in Europa ist fast so einheitlich wie das Menü von Mc Donald's. Und das obwohl es sich bei den China-Restaurants meistens um unabhängige Familienunternehmen handelt.

Aber wenn es so eine Gebrauchsanleitung für China-Restaurants gegeben hat, dann war sie ein Erfolgsrezept, denn Deutsche lieben diesen Abklatsch von chinesischem Essen wie Hühnchen Süß-Sauer, Acht Kostbarkeiten, Ente Kun Bao oder Nasi Goreng. Letzteres ist übrigens kein chinesisches, sondern ein indonesisches Wort, deshalb vermute ich, dass diese ominöse Gebrauchsanleitung von einem in Holland lebenden Chinesen niedergeschrieben wurde, denn Indonesien war ja eine niederländische Kolonie.

Und was die „Acht Kostbarkeiten" angeht: Ein chinesischer Kellner erzählte mir mal, dass einige Deutsche gerne mal nachzählen, ob nicht vielleicht eine Kostbarkeit fehlen würde. Aber später erfuhr ich von Lena, einer meiner WG-Mitbewohnerinnen, dass dieses Gerücht wohl auf einem Sketch des Comedian Rüdiger Hoffmann aus den 90er Jahren basiere. Da habe Hoffmann als Gast beim Chinesen nämlich tatsächlich nachgezählt und sei auf nur sieben Kostbarkeiten gekommen, woraufhin der Besitzer ihm als Entschädigung eine falsche Ming-Vase und das Aquarium mit den falschen Kois überlassen musste.

Ich sprach eben in Bezug auf das im China-Restaurant servierte Essen von Abklatsch, und ich meine das nicht abwertend. Aber mit China hat dieses für den europäischen Geschmack konzipierte „chinesische" Essen ungefähr so viel zu tun wie eine Louis-Vuitton-Tasche mit einem Stoffbeutel von Kik. Chinesische Touristen, die in Europa wie bei Muttern daheim essen wollen, gehen aber trotzdem in ein chinesisches

Restaurant. Denn die meisten Köche dort haben nicht verlernt, wie man richtig chinesisch kocht, und bereiten ihren Landsleuten ein nicht auf dem offiziellen Speiseplan stehendes Extra-Menu zu. Wenn Sie Chinesen kennen, die Ihnen vertrauen, dann lassen Sie sich mal in ein gutes China-Restaurant einladen und bitten darum, das mitessen zu dürfen, was nur die Chinesen bekommen und was nicht auf der deutschen Speisekarte steht. Sie werden ihren „Chinesen" mit ganz anderen Augen sehen beziehungsweise mit einer ganz anderen Zunge schmecken!

In einem chinesischen Restaurant habe ich mal einen etwas älteren Deutschen erlebt, der meinte, sich an diesem Ort an die vermeintlich chinesischen Tischsitten anpassen zu müssen, wie er sie selbst während seines China-Aufenthalts in den 90er Jahren gelernt hatte. Das heißt, er schmatzte und sog die Nudeln in seiner Suppe mit einem heftigen und lauten Schlürfen in seinen Rachen. Dass die anderen anwesenden Deutschen und auch die chinesische Bedienung dieses Verhalten mit einem irritierten Stirnrunzeln quittierten, störte ihn nicht. „Wenn schon chinesisch essen, dann richtig, wie die Chinesen es machen", war seine Devise. Er kam sich dabei offenbar sehr weltoffen vor und hielt seine deutschen Landsleute, die ohne Schlabbern und Schnalzen auskommen wollten, für zurückgebliebene Hinterwäldler.

Mir kam dieser Herr wie der Prototyp des Báizuǒ vor. Das heißt auf Chinesisch so viel wie „weißer Linker", und damit bezeichnet man bei uns den progressiven Westler, der fremde Kulturen über alles stellt, seine eigene Kultur und seine eigenen Landsleute aber verachtet. Das lustige bei diesem deutschen Restaurant-Schlürfer war allerdings, dass mittlerweile auch in China westliche Tischmanieren wieder hoch im Kurs stehen. Man isst weiterhin mit Stäbchen, macht aber dabei möglichst keine Geräusche und stopft auch nicht so viel auf einmal in sich hinein. Das rüpelhafte Verhalten bei Tisch wurde den Chinesen während der Kulturrevolution in den 60er Jahren beigebracht. Damals galten die althergebrachten Tischmanieren als großbürgerlich und waren somit verpönt.

Aber es ist leider richtig, dass westliche Besucher in China, wenn sie in die falsche Gesellschaft geraten, immer noch den Eindruck gewinnen können, dass Spucken und Schmatzen in der chinesischen Esskultur zum guten und nicht zum schlechten Ton gehören. Übrigens hat auch die Corona-Krise das Revival der guten Tischsitten in China befeuert: In zahlreichen Restaurants finden sich Hinweise, allerdings wohlweislich nur auf Chinesisch, wonach man beim Kauen den Mund geschlossen halten solle, um den Ausstoß von Aerosolen auf ein Minimum zu reduzieren. Und immer öfter wird jetzt auch in China zu einer Suppe ein Löffel gereicht, so dass man sich das Schlürfen aus der Schale sparen kann.

Kapitel 4: Essen in Europa

Europa in drei Tagen. Deutsche und chinesische Prototypen. Falsche Propheten und richtige Entdecker. Waren- und Göttermonopole. Essen wie ein Halbgott in Europa

Europa in drei Tagen

Weil Essen für uns Chinesen so wichtig ist, möchte ich meinen Leserinnen und Lesern nicht vorenthalten, was ich als Chinesin so von anderen Ländern Europas und den Essgewohnheiten ihrer Bewohner halte. Ich bin nämlich nicht nur in Deutschland, sondern auch in Europa sehr viel herumgereist, meistens mit Interrail, zwei Mal auch als Reisebegleitung in einem Bus für chinesische Touristengruppen, die eine Low-Budget-Europa-Rundreise mit Titeln wie „neun europäische Hauptstädte in drei Tagen" gebucht hatten.

Für uns Chinesen ist es unfassbar, dass auf einem Gebiet wie dem Kontinent Europa, der flächenmäßig in etwa gleich groß ist wie China, sage und schreibe 47 Nationen existieren. „Wie kann das sein", fragt sich der historisch unbeleckte Chinese, „wir haben doch schon seit über zweitausend Jahren auf der gleichen Fläche nur einen einzigen Staat."

Aus der Sicht eines Touristen ist diese Vielfalt in Europa natürlich spannend, aber zugleich auch lästig, denn wenn man „Europa gesehen" haben will, dann sollte man nach gängiger Touristenreiseführermeinung seinen Fuß in mindestens neun verschiedene europäische Länder gesetzt haben, und sei es auch nur für jeweils eine Stunde. Das ist schon eine viel sportlichere Herausforderung als dies für einen europäischen Chinareisenden der Fall wäre, wo es schon reicht, wenn man Peking, die Große Mauer und Shanghai gesehen hat, um nach europäischer Meinung mit Fug und Recht sagen zu dürfen, man habe „China gesehen".

Irgendeine chinesische Reiseagentur, die auf chinesische Blitztouristen spezialisiert ist, hat einmal ein goldenes Europa-Abzeichen verliehen, wenn man nachweislich folgende neun Hauptstädte abgehakt hat: London, Paris, Rom, Berlin, Amsterdam, Madrid, Prag, Wien, Athen und Istanbul. Dass Istanbul halb in Asien liegt und streng genommen keine Hauptstadt ist, sieht in China niemand so eng. Außerdem kann kaum ein Chinese einen Türken von einem Spanier, Italiener, Franzosen oder Griechen unterscheiden. Das sind, und das meine ich jetzt wirklich nicht böse, für uns allesamt Langnasen mit dunkleren Haaren.

Die Langnasen mit helleren Haaren findet man eher in der nördlichen Hälfte Europas, so die Faustregel, die aber so viele Ausnahmen aufweist, dass sie vorne und hinten nicht stimmt. Denn alle europäischen Hauptstädte sind heute multikulturell und vielfarbig, so dass ein unaufmerksamer Chinese anhand der Bevölkerung auf keinen Fall erraten kann, mit welchem Land er es gerade zu tun hat. Nur ein Kenner kann anhand des richtigen Mischungsverhältnisses zwischen blonden Langnasen, dunkelhaarigen Langnasen sowie braunen, schwarzen und gelben Nicht-Europäern erkennen, wo in Europa er sich wahrscheinlich gerade befindet.

Deutsche und chinesische Prototypen

Der Deutsche, wie der typische Chinese ihn sich vorstellt, ist aber immer noch blond, blauäugig und hochgewachsen. Das liegt wahrscheinlich zum einen daran, dass dies dem Aussehen der Deutschen in international bekannten Spielfilmen wie etwa „Inglourious Basterds" entspricht und zum anderen daran, dass in der chinesischen Werbeindustrie, wenn man auf Deutsche zurückgreift, vorzugsweise ebenfalls ein germanischer Recke oder eine germanische Walküre genommen wird, denn diese Idealtypen verkörpern in chinesischen Augen deutsche Tugenden wie Präzision, Fleiß und Erfindungsgabe.

Wenn man in der europäischen Werbeindustrie einen Chinesen haben will, nimmt man ja wahrscheinlich auch lieber den kleineren mandeläugigen und gelblichen Chinesen, der frisch einer Pekingoper entsprungen zu sein scheint, und keinen bleichen quadratköpfigen Hünen, wie er in Nordchina öfter vorkommt, geschweige denn einen sonnengegerbten Tibeter oder gar einen Tadschiken aus Westchina, der optisch kaum von einem Südeuropäer zu unterscheiden ist.

In jüngster Zeit ist die Netflix-Serie „Barbaren" in China eingeschlagen wie eine Bombe. Zum einem können Chinesen und vor allem Chinesinnen sich nicht satt sehen an blonden germanischen Menschen. Ich wage sogar zu behaupten: Die meisten Asiaten wären gerne selbst blond und hätten gerne blaue Augen und eine nordeuropäische Nase. Wenn es einen entsprechenden Zauberknopf gäbe, würde ein Chinese ihn drücken, zumindest wenn alle anderen Chinesen auch mitdrücken würden, denn wir sind ja kollektivistisch veranlagt. Aber solange es keinen solchen Knopf gibt, begnügen sich extrovertierte Asiaten damit, sich die Haare zu bleichen, sich Manga-Augen schnitzen und die Nase anspitzen zu lassen. Zum Glück finden viele Europäer die Asiaten auch ohne solche Eingriffe schön, so dass etwa bei deutsch-chinesischen Ehen beide Seiten auf ihre Kosten kommen.

Bei „Barbaren" geht es um Hermann den Cherusker und die Varus-Schlacht. Die chinesischen Zuschauer solidarisieren sich ausnahmslos mit den von den Römern brutal unterjochten Germanen. Jetzt könnte man fragen: Seit wann stehen die Chinesen auf der Seite der Unterdrückten? Und das Römische Reich ist doch eher das Äquivalent zum Chinesischen Reich, da beide Staaten von Norden her von Germanen beziehungsweise Mongolen bedroht worden waren.

Aber diese Sichtweise greift zu kurz: Die Chinesen solidarisieren sich gerne mit Unterdrückten, da sie sich in den letzten Jahrhunderten selbst immer als Opfer feindlicher Einfälle gesehen haben, von den Mongolen über die Briten bis hin zu den Japanern. Und wenn man im Westen sagt, dass Chinesen ja schließlich auch Tibeter und Uiguren unterdrücken, dann mag das je nach Sichtweise auch nicht falsch sein, aber das sind historisch so ziemlich die beiden einzigen Beispiele, wo Chinesen andere Völker „unterdrückt" haben.

Europas Völker dagegen haben sich so oft gegenseitig unterdrückt und außerhalb ihres Kontinents so viele andere Völker geknechtet, dass man diese beim besten Willen nicht alle zählen kann. Und es wurde nicht nur unterdrückt, sondern teilweise regelrecht ausgerottet. Die Römer haben ihr Weltreich auf roher Gewalt gegründet, indem sie unzählige fremde Völkerschaften niedergerungen haben, darunter auch die Germanenstämme. Später waren natürlich auch die

Germanen nicht zimperlich und haben Rom überfallen. Einige von ihnen integrierten sich in den römischen Way of Life und wurden sogar Kaiser, genauso wie mongolische Eroberer sich an den chinesischen Lebensstil assimilierten und ebenfalls öfter mal den Kaiser von China stellten.

Die Russen haben sich Hunderte Völker von der Wolga bis Kamtschatka einverleibt, die Spanier haben halb Amerika verwüstet, und die Franzosen haben die Provenzalen und andere Völker zwangsassimiliert. Ganz zu schweigen von den europäischen Großmächten der Neuzeit, die sich fast die ganze Welt untereinander aufteilen wollten. Und wer hat die beiden einzigen Weltkriege der Menschheitsgeschichte angezettelt? Die Europäer mal wieder. Klar haben auch die Japaner mitgemacht, da können wir Chinesen ein ganz trauriges Liedchen von singen, aber von wem haben die Japaner Militarismus, Nationalismus und Imperialismus gelernt? Doch wohl von den Europäern!

Falsche Propheten und richtige Entdecker

Aber dass dieser kleine Kontinent namens Europa, aus dem der vielgescholtene „weiße Mann" hervorging, mit Abstand die meisten Weltreiche, die industrielle Revolution und so viele Erfindungen hervorgebracht hat, ist für den Chinesen ein Grund zur Bewunderung. Klar haben auch wir Chinesen viele Sachen erfunden, zum Beispiel die Seidenherstellung, das Porzellan und das Schießpulver. Wenn irgendwelche Europäer das Pulver entwickelt hätten, dann hätten sie diese Erfindung sofort mit einem zünftigen Krieg gefeiert, die Chinesen aber haben erst einmal Feuerwerkskörper gebastelt, um den Himmel farbenfroh zu erleuchten. Erst später kam jemand auf die Idee, ein paar Leuchtraketen auf der Großen Mauer zu zünden, um die Mongolen zu erschrecken, aber die Mongolen sind schnell dahinter gestiegen, dass hinter dieser Böllerei keine zornigen Götter, sondern schnöde chinesische Alchemie steckte.

Übrigens hätten die Chinesen fünfzig Jahre vor Kolumbus fast Amerika entdeckt. Wer das nicht glaubt, kann mal nach Zheng He googeln. Dieser Admiral befehligte eine Flotte aus riesigen Schiffen, welche die Santa Maria locker in den Schatten stellten. Er wollte Handelswege erschließen und unbekannte Länder erkunden. Bis Ostafrika war er schon gesegelt. Aber dann sagte der chinesische Kaiser sinngemäß: „Hör mal, diese Seefahrerei wird mir zu kostspielig. Wir haben in China doch schon alles, was wir brauchen, was sollen wir da noch ferne Barbarenländer entdecken. Ab sofort hast du Segelverbot!"

Das war schon immer das Problem von uns Chinesen: Wir sind einfach nicht draufgängerisch genug und haben die konsequente Nutzung von Erfindungen und die Eroberung der Welt lieber anderen überlassen. Jetzt holen wir das nach, aber mit vergleichsweise friedlichen Mitteln, nämlich mit Handel und Geschäftstüchtigkeit. Übrigens gab es auch in Europa und angrenzenden Gebieten Völker, welche die Welt lieber durch Handel erschlossen als durch Krieg, so etwa die alten Griechen, die Juden, die Venezianer und die deutschen Hanse-Leute. Aber dieses Konzept zieht den Kürzeren, wenn aggressivere Staaten die Bühne betreten, denn gegen einen bewaffneten Ritter hat der Kaufmann keine Chance. Diese Lektion mussten auch viele chinesische Kaufleute im

Exil lernen, die sich in Südostasien breit gemacht hatten, zuletzt in den siebziger Jahren in Indonesien, als sie dort fast ausgerottet wurden.

Aber wir Chinesen können insgesamt froh sein, dass wir nun gelehrige Schüler des europäischen Erfindergeistes sein durften. Ohne Europa hätten wir vielleicht viele Erfindungen gemacht, sie aber nicht konsequent genutzt, wir hätten vielleicht auch die Dampfmaschine erfunden, sie aber nur als Spielerei auf dem Jahrmarkt, vielleicht für ein dampfbetriebenes Hamsterrad, eingesetzt und dabei leckere chinesische Frühlingsmaultaschen verzehrt. Der Europäer ist wie schon gesagt rastloser und aggressiver, aber diese Eigenschaften braucht man halt, um mutig aus der Reihe zu tanzen und gegen die Meinung der Masse neue Theorien aufzustellen, die dann in bahnbrechende Erfindungen und deren zielstrebige Umsetzung münden.

Aber es gibt auch viele Ideen aus Europa, die uns Chinesen womöglich nicht so gut getan haben, vor allem auf dem Gebiet der Religion und der politischen Ideologien. Bis zum 19. Jahrhundert kamen wir mit Buddhismus, Taoismus und Konfuzianismus zwei Jahrtausende lang gut zurecht, ohne einen einzigen Religionskrieg führen zu müssen. Aber dann mixte der Chinese Hóng Xiùquán christliche Erlösungsideen mit eigenen Wahnvorstellungen, gründete eine Sekte und zettelte einen Bürgerkrieg mit bis zu 30 Millionen Opfern an. Bekannt ist das ganze unter dem harmlosen Namen „Taiping-Aufstand".

Waren- und Göttermonopole

Wenn das Christentum und Sekten wie Falun Gong in China heute immer noch kritisch und mit Furcht gesehen werden, dann hat das auch mit solchen historischen Erfahrungen zu tun. Später übernahmen Chinesen weitere europäische Ideen wie Kommunismus und Nationalismus, was einen weiteren verheerenden Bürgerkrieg zur Folge hatte. Aber Chinesen haben schon immer unterschiedliche Glaubensvorstellungen miteinander versöhnt und brachten es fertig, mehrere Religionen gleichzeitig zu praktizieren. Auch heute gibt es viele Chinesen, die etwa in einem buddhistischen Tempel Opfergaben darbringen, aber auch Weihnachten feiern. Sogar chinesische Muslime waren nur selten fanatisch und haben sich, wie übrigens auch der eben erwähnte Zheng He, problemlos in die chinesische Gesellschaft eingefügt.

Der strenge Dualismus und die Unvereinbarkeit des eigenen Glaubens mit dem Glauben der anderen, der die Ideengeschichte in Europa und im Nahen Osten durchdringt, ist uns Chinesen eigentlich fremd. Wir hatten eben das Glück, in unserer Ideengeschichte nicht von einer monotheistischen Religion dominiert zu werden, bei welcher ein Gott das alleinige Machtmonopol hatte. In der guten alten europäischen Antike gab es einen Götterpluralismus und somit auch eine Art Wettbewerb unter den Geistwesen, der jedoch in dem Moment ausgeschaltet wurde, als sich in der Vorstellung der Menschen der rigide Glaube an einen einzigen Gott als allmächtigen Urgrund aller Dinge durchsetzte.

Diese absolutistische Herrschaft über Himmel und Erde widerspricht den chinesischen Denktraditionen. Deswegen hatten wir schon unter Mao, der auch nach heutiger offizieller

Lesart vieles richtig, aber auch einiges falsch gemacht hat, so unterschiedliche Konzepte wie Kommunismus und Nationalismus miteinander versöhnt, und nach Maos Tod wurde der Konfuzianismus reaktiviert, so dass heute ein typisch chinesisches Amalgam aus verschiedenen Weltanschauungen vorherrscht, für das man im Westen immer noch keine treffende Bezeichnung gefunden hat.

Der Europäer hat gerne für alles und jenes einen einordnenden Begriff, weil er gerne nicht nur jedes Ding, sondern auch jeden Gedanken zerlegt und in Schubladen steckt, aber das aktuelle chinesische System macht ihn etwas ratlos. Hat man es mit einem „kommunistischen Kapitalismus", einem „konfuzianischen Nationalkommunismus" oder einem „marktwirtschaftlichen Sozialismus" zu tun? Der Reformer Deng Xiaoping brachte es auf den Punkt: „Es ist egal, welche Farbe die Katze hat, die Hauptsache ist, dass sie Mäuse fängt." Oder war dieses Zitat nicht von Deng, sondern von jemand anderem? Ist auch egal wer es war, denn die Hauptsache ist, dass die Aussage stimmt.

Essen wie ein Halbgott in Europa

Aber wir sind etwas vom Thema abgewichen, denn eigentlich wollte ich doch über meine kulinarischen Erfahrungen in verschiedenen europäischen Ländern berichten. Fangen wir mal mit Frankreich an, dem Land der Haute Cuisine. Als chinesischer Tourist bekommt man leider überhaupt nicht mit, dass es sich hier „wie Gott in Frankreich" schlemmen lässt. Die für einen normalen Geldbeutel erschwinglichen Restaurants in den dortigen Touristenhochburgen bieten kaum typisch französische Speisen an, sondern eher eine lieblose Tunfischpizza oder marokkanisches Couscous.

Die marokkanische Küche ist übrigens ganz hervorragend, aber als Tourist in Frankreich möchte ich halt wie Gott in Frankreich speisen und nicht wie der Prophet in Marokko, auch wenn er das Spiel um den dritten Platz erreicht hat. Wenn man dann in Paris oder Cannes doch mal sehr teuer essen geht, gibt es für hundert Euro oder mehr eine Schüssel mit lieblosen salzigen Austern ohne alles und für weitere hundert Euro eine Flasche bitteren Kohlensäurewein, auch Champagner genannt.

Wenn man darauf steht, sollte man lieber im deutschen Aldi einen Sekt für fünf Euro kaufen, denn der ist nach genau dem gleichen Rezept zubereitet, nur halt nicht in der französischen Landschaft Champagne, weswegen er auch nicht Champagner heißen darf. Das ist so wie mit der Tasche von Louis Vuitton. Für die zahlt man ein kleines Vermögen, weil gesetzlich vorgeschrieben nur Louis Vuitton drauf stehen darf, wenn sie in Frankreich von der gleichnamigen Manufaktur hergestellt wird, während eine Tasche mit genau gleichem Aussehen und gleicher Funktionalität, die in China hergestellt wurde, gewinnbringend für zwanzig Euro verkauft werden kann, dafür aber nicht Louis Vuitton heißen darf, sondern nur Liu Fudong oder so ähnlich.

Trotzdem kaufen viele reiche Chinesen genau deswegen das Original, weil sie damit zur Schau stellen können, es geldmäßig so weit gebracht zu haben, dass sie nur wegen eines markenrechtlich geschützten Namens und ohne irgendeinen anderen Mehrwert so wahnsinnig viel Geld aus dem Fenster zu werfen in der Lage sind.

Was gibt es in Frankreich noch exotisches zu essen? Weinbergschnecken oder Frösche sind für Chinesen ein alter Hut und werden in China auch, das darf ich einfach mal frech behaupten, viel raffinierter zubereitet. Richtig ernst wird es nur bei Schimmelkäse, aber das ist für den Chinesen eher eine Mutprobe als eine kulinarische Horizonterweiterung.

Nun nach Spanien: Vielleicht habe ich Frankreich eben bitter Unrecht getan, denn Im Vergleich zu Spanien ist Frankreich immer noch ein Hort der Delikatessenvielfalt. Allein die Dutzenden von Käsesorten, Pasteten und Spirituosen, die es in Frankreich gibt, lassen Spanien ganz alt aussehen. In Spanien gibt es nämlich genau eine Käsesorte (Manchego) und genau einen Fleisch-Aufschnitt (Serrano-Schinken). Die Lebensmittel werden in Spanien nicht kunstvoll miteinander kombiniert, sondern separat aufgetischt, was man dann „Tapas" nennt. Wenn etwas übrig bleibt, mischt man dann am nächsten Tag doch noch alles zusammen und fertig ist die sogenannte „Paella". Eigentlich ein Wunder, dass die Spanier nicht mehr zu bieten haben, denn schließlich waren sie es, die Amerika als erste ausbeuteten und all die neuen Pflanzen wie Mais, Kartoffeln, Tomaten, Tabak und Kakao nach Europa brachten.

In Italien ist das Klima ähnlich mediterran wie in Spanien, aber hier gibt es im Gegensatz zu Spanien ein paar bahnbrechende Erfindungen, vor allem Pizza und Nudeln. Angeblich hat sich der italienische Weltreisende Marco Polo die Nudeln in China abgeguckt, aber man darf den Italienern durchaus zutrauen, dass sie auch von selbst darauf gekommen sind. Wahre Meister sind die Italiener aber in der Vermarktung: Sie formen die Nudeln auf ungefähr zwanzig verschiedene Arten, wobei jede Form einen eigenen Namen bekommt: Farfalle, Fusilli, Spirelli, Maccheroni, Tagliatelle, Spaghetti etc. So entsteht im Ausland der Eindruck, dass hier eine ungeheure Vielfalt an Gerichten bestehe.

Vielleicht sollten sich die Deutschen von diesem Marketing-Trick eine Scheibe abschneiden und ihr Schwarzbrot in zwanzig verschiedene Formen gießen und jeder Variante einen ordentlichen deutschen Namen geben. Aber ich habe mir sagen lassen, dass die deutsche Sprache in den Ohren der anderen Europäer einfach nicht für die Bezeichnung leckerer Sachen geeignet ist, weswegen „Leberwurst" oder „Rote Grütze" zu Unrecht oft verschmäht werden. Umgekehrt lässt allein schon der Klang jedes französischen oder italienischen Wortes beim Deutschen das Wasser im Munde zusammenlaufen. Eine Ausnahme von dieser Regel bildet lediglich das italienische Wort für Muscheln, nämlich „cozze".

Deutsche kommen heutzutage in der Regel gar nicht auf die Idee, dass sie selbst und ihre Produkte im Ausland Grund zur Bewunderung sein könnten. Aber unter anderem deswegen mögen die Chinesen die Deutschen: Diese nüchterne Bescheidenheit und der fehlende Drang, mit ihren Errungenschaften hausieren zu gehen, bei gleichzeitiger Begeisterung für alles Fremde. Das soll in den dreißiger Jahren ja noch anders gewesen sein, doch die damalige Überheblichkeit hat sich heute in ihr genaues Gegenteil verkehrt. Wobei in dieser Art von falscher Bescheidenheit und in diesem

Hang zu teilweise vernichtender Selbstkritik die alte deutsche Überheblichkeit vielleicht nur ein neues Ventil gefunden hat.

Aber ich schweife wieder ab. Jetzt kommen wir zu den Griechen, die wie ich finde, in Europa einen zu schlechten Ruf haben, was das gute Essen angeht. Schließlich waren die alten Griechen die ersten Europäer, die Wein kelterten und Olivenöl pressten. Und die Griechen schaffen es, mit nur wenigen Zutaten eine wunderbar deftige und unprätentiöse Mahlzeit zu zaubern, was nicht zuletzt auch an Tzaziki und Fetakäse liegt. Aber das Kernelement jeder Mahlzeit in Griechenland ist viel Fleisch, wovon der Italiener ja nur homöopathische Dosen zu sich nimmt. Und egal ob es sich um ein Hacksteak, einen Fleischspieß oder einen Gyros handelt: Das Fleisch ist immer harmonisch gewürzt und erstaunlich bekömmlich, auch wenn es mit Unmengen von Pommes Frites serviert wird. Das ist jedenfalls meine Erfahrung aus griechischen Restaurants in Deutschland.

Die kroatische Küche ist vielleicht so ein Mittelding aus Griechenland und Deutschland. Ein Hacksteak mit Schafskäsefüllung gilt als der Geheimtipp unter chinesischen Urlaubern, zumal dieser Schafskäse nur wenig Laktose enthält. Und das höchste aller Gefühle ist ein kroatisches Spanferkel, zu dem ein eisgekühltes Gläschen Honigschnaps gereicht wird. Wenn man die Menschen in Kroatien beim Essen betrachtet, dann schaut man in glückliche Gesichter, nicht nur wenn man bei der WM Brasilien raushaut. Darin sind sie uns Chinesen sehr ähnlich. Der Franzose und auch der Deutsche dagegen findet gerne mal ein Haar in der Suppe, das ihm den ganzen Essensgenuss versaut. Aber wie ich schon sagte: Nur wer stets unzufrieden ist und keine Rast kennt, grübelt unausgeglichen und mit halbleerem Magen herum und macht bahnbrechende Entdeckungen, welche die Menschheit voranbringen.

Über England brauche ich küchentechnisch nicht viel zu erzählen, da alle anderen Völker der Welt sich sowieso darin einig sind, dass die Engländer irgendwann im Laufe der Evolution eine gewaltige Geschmacksverirrung entwickelt haben. Als Kompensation dafür hatten sie sich das größte Weltreich auf Erden zusammenerobert, mit ganzen Kontinenten und Subkontinenten. Nur die Einverleibung Indiens war ein Fehler, denn durch das leckere indische Essen lernten meiner Theorie nach die Briten endlich auch andere Freuden kennen als steife Militärparaden, Sportarten mit überdimensioniertem Regelwerk sowie panierten Gammelfisch mit ranzigen Fritten. Die Entdeckung des guten Geschmacks läutete bei den Briten wie schon zuvor bei den Römern den Untergang des Imperiums ein. Der schlechte Geschmack ist aber noch lange nicht aus England verschwunden. Eine chinesische Freundin, die einen Ferienkurs in einem englischen Internat belegt hatte, erzählte mir, dass es morgens fast immer nur Haferschleim gab, während sich mittags und abends eine minimalistische Pizza und ein süß-saures Omelette abwechselten. Beim Mittagessen wagte sie es einmal, eine witzige Bemerkung zu machen: „In der Hölle ist der Koch ein Engländer." Das kam bei der erstaunten Kursleiterin nicht so gut an: „Aber unsere Köchin gibt sich doch so viel Mühe und ist mit so viel Herzblut dabei!"

Dieser Streifzug durch die europäische Küche kann natürlich überhaupt keinen Anspruch auf Vollständigkeit erheben, aber mehr Erfahrungen waren in etwa drei Jahren Europa-Aufenthalt einfach nicht drin.

Kapitel 5: Die deutsche Party

Kinderverschickung nach Deutschland. Malen und Denken nach Zahlen. Deutschstunde mit Frühlingsrolle rückwärts. Tugendhafte Lieder

Kinderverschickung nach Deutschland

Die ersten Einladungen zu einer Party bekam ich von meinen Kurskameraden, die natürlich wie ich Ausländer waren. Es brauchte ein Jahr, bis ich in Deutschland endlich eine Party von gleichaltrigen Einheimischen erleben durfte. Das war kurz nach Ende meiner Au-pair-Zeit. Ich wollte mit meiner Sprachschule weitermachen, bis ich fit für die Aufnahmeprüfung für die Universität sein würde. Ich musste erst einmal etwa dreitausend Euro für 6 Monate Kursgebühr im Voraus bezahlen, um überhaupt ein Visum für die sprachliche Vorbereitung auf ein Hochschulstudium zu bekommen.

Aber wie das in China so üblich ist, legen Eltern und Großeltern und manchmal auch Onkel und Tanten zusammen, um dem zumeist einzigen Kind eine gute Ausbildung im Ausland zu ermöglichen. Viele Kinder danken es ihnen schlecht, indem sie die ungewohnte Freiheit in Deutschland nutzen, um die Nächte mit Computerspielen zu verbringen, statt Deutsch zu pauken. So werden aus einem Jahr Deutschkurs schnell anderthalb oder zwei Jahre, und wenn man es dann immer noch nicht gepackt hat, droht die Ausweisung, da die Regelsprachvorbereitungszeit überschritten wurde, so dass zwei Jahre in den Sand gesetzt wurden und man vor seinen Eltern und Verwandten in China nicht zu Unrecht wie der letzte Depp dasteht.

Wobei die extrem ehrgeizigen und wohlhabenden unter den Eltern ihre Kinder lieber direkt an eine Elite-Hochschule in England oder in den USA schicken. Deutschland ist da leider zumeist nur die Option für Chinesen mit nicht ganz so gutem Abitur. Man muss sich zwar durch die deutsche Sprache quälen, wird dann aber mit einem weitaus kostengünstigeren Hochschulstudium belohnt, da sich Deutschland aus irgend-welchen unerfindlichen Gründen etwas davon verspricht, nicht nur eingeborenen Studenten, sondern auch Studenten aus aller Welt ein im Vergleich zu angelsächsischen Unis quasi kostenloses Hochschulstudium zu finanzieren.

Viele Chinesen wundern sich darüber, sagen aber dann höf-licherweise auch nicht Nein, denn die deutsche Hochschul-ausbildung hat immer noch einen Ruf wie Donnerhall, ob-wohl es mittlerweile auch in China zahlreiche Top-Hochschu-len gibt, wo man wie in der Schule gedrillt und auf Leistung getrimmt wird und wo die Universität nicht wie in Deutsch-land vielfach ein Spielplatz für die Spaßgesellschaft ist, wo Pubertät und Jugend bis ins dreißigste Lebensjahr hinaus-geschoben werden können, zumindest wenn man Germanis-tik, Pädagogik oder Sozial- und Geschlechtswissenschaften studiert.

Das spricht sich mittlerweile auch in China herum, so dass viele Eltern, wenn sie sich ein wenig im Internet und den so-zialen Medien schlau machen, schnell wieder von der Idee abrücken, ihr Kind nach Deutschland zu schicken. Denn das viele Geld, das so ein Studienaufenthalt nun mal kostet, ist ja als eine Investition in die berufliche Zukunft des Spröss-lings gedacht, und nicht als Preis für zwei bis sechs Jahre Campus-Freizeitpark.

Ich hätte da eine Geschäftsidee für deutsche Sprachschulen und Universitäten, die zahlungskräftige chinesische Eltern überzeugen wollen: Eine Art strenges Elite-Internat, so ähnlich wie das College im Film „Club der toten Dichter". Und in so einer Eliteschule sollten progressive Lehrer wie Mr. Keating schon beim ersten Casting ausgesiebt werden. Ich übertreibe ein wenig, aber ich habe schon zu viele Tragödien erlebt, bei denen meine Landsleute während ihres Deutschland-Aufenthalts ihren konfuzianischen Fleiß völlig aberzogen bekamen, was dann zuhause in China Schande und Schmach über sie brachte – und einen Job als Hilfsarbeiter oder Taxifahrer statt wie erhofft als Maschinenbauer oder Software-Ingenieur.

Malen und Denken nach Zahlen

Die meisten Chinesen in Europa studieren naturwissenschaftliche Fächer, da sie von zu Hause aus gut mit Zahlen umgehen können. Das liegt möglicherweise auch an der logischen sprachlichen Darstellung der Zahlen im Chinesischen. Elf heißt zum Beispiel wortwörtlich übersetzt „zehneins", zwanzig „zweizehn" und „dreizehnsechs" entspricht folgerichtigerweise dem deutschen Wort „sechsunddreißig". Hier muss das deutsche Kind erst einmal rückwärts denken, bevor es die Ziffern „36" aufschreiben kann.

Hans und Helga müssen also früh die Erfahrung machen, dass die mathematische Sprache und die Ziffern zwei unterschiedliche Systeme sind, was einen erheblichen Übersetzungsaufwand bedeutet. Das fiel mir auf, als ich als Au-pair meinem deutschen Au-pair-Jungen etwas Rechnen beibringen sollte.

Ich kann verstehen, dass allein diese fehlende Geradlinigkeit und Bildhaftigkeit beim Übersetzen von Mathematik in die Sprache bei vielen Kindern zu nachhaltiger Verwirrung führt und ihnen die Lust am Rechnen nimmt, während chinesische Kinder diesen Nachteil nicht haben. So ist es kein Wunder, dass China und Singapur bei der internationalen PISA-Studie in Mathematik sehr gut abschneiden.

Deutschstunde mit Frühlingsrolle rückwärts

Aber zurück zu meinem ersten Party-Erlebnis unter Deutschen. Nach meiner einjährigen Au-pair-Zeit zog ich von meiner Gastfamilie in eine Wohngemeinschaft, die aus vier Deutschen (zwei Jungen und zwei Mädchen) und mir als einziger Ausländerin bestand. Der WG-Rat hatte unter einigen Dutzend Bewerbern ausgerechnet mich ausgesucht, wofür ich immer noch sehr dankbar bin, auch wenn ich immer noch nicht weiß, was mir diese Ehre verschafft hatte, denn beim Aufnahmegespräch war ich weder besonders mutig, noch witzig, noch fühlte ich mich sonst irgendwie interessant oder attraktiv.

Aber am nächsten Morgen bekam ich schon den Anruf von Matthias, dem WG-Sprecher, dass ich schon am kommenden Montag einziehen könne. Außerdem fragte er, ob ich nicht Lust hätte, noch heute Abend auf eine Party mitzukommen. Alle anderen WG-Bewohner, nämlich außer Matthias noch Thomas, Lena und Griseldis, würden auch hingehen, und bei der Gelegenheit könne man „schon mit mir warm werden". Ich sagte zu, obwohl ich nicht wusste, was „warm werden" bedeutete und dies erst im Nachhinein im Online-Wörterbuch nachschlug. Aber das Ergebnis beruhigte mich,

und so schickte ich mich an, auf meine erste Party mit mehrheitlich deutscher Beteiligung zu gehen.

Matthias hatte auch direkt dazugesagt, dass ich ja was auf
die Party mitbringen könnte, zum Beispiel Frühlingsrollen.
Ich war mir nicht sicher, ob das ernst gemeint war, denn in
China wäre eine solche Aufforderung nicht gerade höflich.
Klar bringt man dort auch ein Gastgeschenk mit, etwa eine
Flasche Pflaumenschnaps oder ein paar Mondkuchen. Aber
dazu wird man nicht aufgefordert, und bei der Überreichung
der Mitbringsel muss der Gastgeber simulieren, dass ihm
das ganz peinlich sei. Da sind die Deutschen wunderbar
pragmatisch und sparen sich so einen höflichen Eiertanz fast
völlig, wie ich noch lernen sollte.

Da mir bis zum Abend nur wenig Zeit blieb, um die Zutaten
für die Frühlingsrollen zu kaufen und das aufwändige Rezept
nachzukochen, und ich außerdem nicht auf den letzten Metern die Küche meiner Au-pair-Eltern überstrapazieren
wollte, kaufte ich bei einem thailändischen Asia-Imbiss für
nicht wenig Geld ein Dutzend Frühlingsrollen, bevor ich in
der WG von Matthias, Thomas, Lena und Griseldis auf-
schlug, wo man mich freudig begrüßte und den Plastikbeutel
mit den Frühlingsrollen sehr wohlwollend musterte. „Sehr
gut", lobte mich Matthias, „das ist echt cool von dir. Markus
und Carmen werden sich echt freuen."

Markus und Carmen waren also die Veranstalter der Party, zu der ich mitgeschleppt wurde. Zwar waren die Frühlingsrollen nach einer halbstündigen Fahrt mit Bus und U-Bahn schon fast kalt, aber auf der Party in der Gemeinschaftsküche eines Studentenwohnheims in einer Hochhaussiedlung im Norden von Bonn schlugen sie ein wie eine Kalorienbombe. Zumal Matthias sie als „selbstgemacht" einführte, und ich ihm aus Verlegenheit nicht widersprochen hatte.

Im Null Komma Nichts waren alle zwölf Rollen weg, und zwar unter wonnigem Gestöhne und ganz vielen Komplimenten. „Schmeckt echt tausend Mal besser als beim Chinesen", sagte Gastgeber Markus. Die einzige, die den Braten gerochen zu haben schien, war Carmen, die aus Kolumbien stammende Freundin von Markus. Jedenfalls beobachte ich, wie sie heimlich eine angebissene Frühlingsrolle im Mülleimer verschwinden ließ.

Alle versicherten mir, wie gerne sie asiatisch essen gehen und dass sie diese Horrormärchen gar nicht glauben würden, dass einem im China-Restaurant auch Ratten- oder Katzenfleisch untergejubelt werden würde. Da ich zu diesem Zeitpunkt mit dem Deutschsprechen noch sehr hinterherhinkte und entsprechend zurückhaltend war, während mein Hörverstehen aber schon ganz gut war, bin ich nicht sicher, ob meine Gesprächspartner auf der Party davon ausgegangen waren, dass ich alles verstehen würde.

Tugendhafte Lieder

Einige sprachen so, als würden sie mit einer deutschen Muttersprachlerin sprechen, andere wiederum bemühten sich, möglichst einfache Sätze zu sprechen und nebenbei auch einfache Dinge zu erklären: „Deine Rolle sehr lecker. Ihr in China mögt, äh mögen Rolle, hier in Bonn viele China-Restaurant, eines auf Fluss, in Rhein, weißt du, der Fluss durch Bonn heißt Rhein, und darauf ein China-Schiff, also Restaurant. Bonn war mal Hauptstadt von BRD, also Deutschland, du weißt früher zwei Deutschland, einmal BRD und einmal DDR.“

Ich hätte seinem Vortrag gerne noch weiter gelauscht, aber dieser junge Mann wurde von Matthias unterbrochen: „Ach laber nicht, du brauchst jetzt hier nicht einen auf Haus der Geschichte zu machen, meinst Du die interessiert das? Außerdem weiß die das alles bestimmt schon.“ – „Ist ja gut, ich mach doch nur Smalltalk“, rechtfertigte sich der andere. An mich gewandt ordnete Matthias das so ein: „Der macht hier auf Oberlehrer, aber der meint das nicht so. Guck mal hier, was der Oberlehrer mitgebracht hat, auch sehr lecker, einen Kartoffelsalat mit kleinen Frikadellchen drin.“

Um die Situation zu entschärfen, schaufelte ich mir zwei große Esslöffel Kartoffelsalat mit Frikadellchen auf meinen Papierteller und begann, Komplimente zu machen. „Mmmh, der Salat schmeckt so lecker. Sind das echte Kartoffeln? Die sind so weich.“ – „Ja“, erwiderte der Kartoffelsalat-Cuisinier, „man muss sie lange kochen, dann werden sie weich, äh entschuldige, lang koche, dann weich, dann Mayonnaise, dazu Ei, dazu Frikadellchen vom Lidl. Hier, dazu schmeckt ein Fruchtkonzentrat ganz gut.“

Nachdem die mitgebrachten Speisen – neben meinen Frühlingsrollen und dem Kartoffelsalat gab es noch Chili con Carne, einen Nudelsalat, Kräuterbaguette, einen Obstsalat und Folienkartoffeln – nahezu verbraucht waren, ließ Markus mithilfe seines Handys und einer JBL-Box Musik laufen, was die Gäste dazu brachte, sich in der engen Wohnheimsküche aufzurichten und ein wenig ungelenk zu tanzen. Die meisten Lieder kannte ich schon vom lokalen Sender „Radio Bonn-Rhein-Sieg", der auch in der Küche meiner Au-pair-Mutter immer lief. Es war ein guter Mix aus internationalen Hits und deutschem Pop, zum Beispiel Max Giesinger und Mark Forster. Diese beiden kannte ich schon zur Genüge aus meinem Deutschkurs, da unser Deutschlehrer gerne deutsche Texte verwendete, um das Hörverstehen zu trainieren.

„Wie findest du diese deutschen Lieder, kannst Du da etwas verstehen? Der das gerade singt, ist Max Giesinger, das Lied heißt ‚wenn sie tanzt'", fragte mich der Kartoffelsalatmann, der anscheinend einen Narren an mir gefressen hatte und nicht von mir ablassen wollte, aber sich mittlerweile auch nicht mehr bemühte, einfaches Ausländer-Deutsch mit mir zu sprechen. „Ich kenne dieses Lied. Giesinger hatten wir im Deutschunterricht. Wir haben auch Lieder von Santiano, Rammstein, Wolfsheim und Faun durchgenommen. Die haben mir sehr gut gefallen."

Doch das war irgendwie nicht nach dem Geschmack des Kartoffelmannes, dessen Name ich leider mittlerweile vergessen habe. „Was, das hat euer Deutschlehrer mit euch durchgenommen? Was ist denn das für ein Fascho! Wie heißt der denn?" – „Was ist ein Fascho?", wollte ich wissen. „Ein Nazi halt, aber das kannst du nicht wissen, weißt du hier in Deutschland, wir haben eine ganz schlimme Geschichte, aber wir haben daraus gelernt." Ich verstand nur Bahnhof, aber er fuhr fort:

„Also man sollte ganz vorsichtig sein mit so Liedern, das ist irgendwo Deutschtümelei." – „Deutsch was?" – „Ja ich erklär dir das mal, also die meisten Deutschen sind ja nicht ausländerfeindlich, da brauchst du keine Angst zu haben, aber es gibt so Ewiggestrige, also die finden die Nazis gut, vielleicht nicht so direkt aber so klammheimlich, und die machen so Lieder auf Deutsch, also nicht wie Giesinger und so, sondern die betonen ihre deutsche Vorfahren, so wie diese Mittelaltermusik, was Faun und Schandmaul so machen oder Rammstein, das ist schon echt grenzwertig." Der Sinn dieser Worte sollte mir erst später aufgehen, als ich anhand vieler Gespräche in meiner Wohngemeinschaft langsam entdeckte, was für ein Verhältnis die Deutschen zu ihrer Geschichte und ihrer Kultur haben und welche Neurosen teilweise daraus erwuchsen.

Nachdem das Bier alle war und niemand sich in der Lage sah, in der Tanke Nachschub zu besorgen, löste sich die Party auf. Jeder Gast nahm sein Geschirr mit dem jeweils restlichen Essen wieder mit nach Hause. In China hätte man alles Essen dem Gastgeber hinterlassen, aber in Deutschland, und das finde ich wirklich vorbildlich, werden keine Ressourcen verschwendet und keine Reste weggeschmissen. Ich begleitete meine vier neuen WG-Genossinnen und Genossen nach Hause, bevor ich die letzten zwei Nächte in meiner Au-pair-Familie verbrachte.

Am Montag meines Einzugs veranstalteten meine vier Mitbewohner eine kleine Einweihungsfeier, nachdem sie mich rührend beim Einrichten des unmöblierten Zimmers unterstützt hatten. Da ich keine eigenen Möbel hatte und niemand vorher daran gedacht hatte, bekam ich aus dem WG-Bestand eine Matratze und einen Schlafsack geliehen. Und ein paar Tage später war ein Sperrmülltermin, und meine neuen Freunde hatten binnen zwei Stunden mit einem Lastenfahrrad einen Schreibtisch, einen alten Drehstuhl und ein Bettgestell angekarrt, wofür ich ihnen sehr dankbar war. Ich revanchierte mich mit einer zweiten Einweihungsparty, für die ich einen halben Tag lang Jiaozi, chinesische Maultauschen, zubereitete. Zu diesem Zeitpunkt waren wir schon sehr warm miteinander geworden, und ich fühlte mich sehr geborgen, wie in einer großen Familie, die aus fünf Geschwistern bestand.

Kapitel 6: Freundschaft und Liebe in Deutschland

Die Entstehung der Zuneigung. Chinesischer Topf und deutscher Deckel

Die Entstehung der Zuneigung

Freundschaft und Liebe: Das ist für mich das schwierigste Kapitel dieses Buches, das ich am liebsten überspringen würde. Denn auch nach längerem Nachdenken fallen mir keine wesentlichen Unterschiede zwischen Chinesen und Deutschen ein. Noch vor zehn bis zwanzig Jahren war das wahrscheinlich noch anders. Da waren Chinesen noch eher an einer langfristigen Beziehung orientiert, haben sich in der Jugend kaum ausgetobt, und der erste Liebespartner war eine Handvoll Monate später auch der erste Ehepartner und sollte es auch bis ans Lebensende bleiben.

Heute sind Chinesen da „moderner", vor allem in den Großstädten. Es ist kein Skandal mehr, wenn sich schon in der Oberstufe des Gymnasiums Liebespärchen bilden, dies offen zeigen und sich in einem dunkleren Winkel des Schulhofs ein wenig knutschen. Und es ist auch kein Skandal mehr, wenn dann nicht direkt nach dem Abitur geheiratet wird.

Eigentlich kann man sich ja auch Zeit mit der Familienplanung lassen, denn es sind ja sowieso nur zwei Kinder erlaubt, bis 2015 war sogar nur ein Kind gestattet. In China wird vielleicht ein paar Jahre früher als in Deutschland geheiratet und man hat vor der ersten Ehe im Durchschnitt womöglich einen anderen Liebespartner gehabt, während das in Deutschland, so habe ich mir mal sagen lassen, eher zwei bis drei im Schnitt sind, wobei es natürlich auch viele junge Leute beiderlei Geschlechts gibt, die locker auf ein Dutzend Beziehungen kommen, ohne deswegen unbedingt als Schlampen oder Fuckboys angesehen zu werden.

So wie in China geht man auch in Deutschland oft eine Beziehung ein, weil man das Alleinsein hasst. Zu zweit essen, zu zweit einen Film schauen und zu zweit zanken macht halt unendlich viel mehr Spaß als alleine. Da verliebt man sich auch schon mal in den buchstäblich Nächstbesten, sei es der Arbeitskollege am Tisch gegenüber, der zufällig im Proseminar neben einem sitzende Kommilitone oder der unordentliche WG-Mitbewohner, mit dem man sich vorher dauernd über den Abwasch gestritten hat. Es ist wohl ganz menschlich, wenn eine solch banale Bekanntschaft zu einer aufrichtigen Liebesbeziehung mutiert, bei der beide Seiten das Gefühl haben, es mit einem unglaublich glücklichen Zufall oder mit einem vorherbestimmten Schicksalsschlag zu tun zu haben, wenn man ausgerechnet diesen einen Menschen gefunden hat.

Aber das ist ja auch das Schöne am Menschsein, dass man sich selbst so wunderbar phantasievoll überlisten kann, denn wo kämen wir schließlich hin, wenn jeder Mensch erst einmal hundert Mal probieren müsste, bevor sie oder er auf Mister oder Missis Right stößt. Deswegen sollte es auch nicht anrüchig sein, wenn hier und da auch materielle Beweggründe eine Rolle spielen. Reichtum bei einem Mann kann bei einer Frau sehr aufrichtige Liebesgefühle hervorrufen, und umgekehrt lässt eine gute Figur bei einer Frau einen Mann fest daran glauben, eine Seelenverwandte gefunden zu haben.

Menschen sind ja dem Himmel sei Dank auch keine Roboter, sondern verfügen über komplexe, schwer berechenbare, aber dennoch leicht manipulierbare Gefühlswelten.

Chinesischer Topf und deutscher Deckel

Wie ich schon weiter oben erwähnt hatte, passen asiatische Frauen und europäische Männer sehr gut zusammen. Die zierliche Asiatin appelliert an das Mädchenschema des Europäers, und der robuste Europäer, zumindest wenn er der Statur eines römischen Gladiators oder eines muskulösen Wikingers nahekommt, ist für die asiatische Frau die Verkörperung der Männlichkeit, und wenn er sich dann als beherrschbarer Softie entpuppt, ist das umso besser.

Leider funktioniert die umgekehrte Kombination nicht so gut, denn die europäische Frau findet den Asia-Mann bei weitem nicht so attraktiv, was an seiner wenig draufgängerischen Art, seiner mangelnden Gesprächigkeit und seiner einem breitverbreiteten Gerücht zufolge schmächtigeren Potenzausstattung liegt, ein Klischee, das zum Beispiel auch im Film „Hangover" bedient wird.

Auch der Chinese betrachtet europäische Frauen eher skeptisch, da sie ihm zu forsch, zu aufmüpfig, zu lustorientiert und allgemein zu anspruchsvoll anmuten. Aber was Ansprüche angeht, holen Asiatinnen auf, und kein wohlhabender China-Gatte kann es mittlerweile wagen, von seiner Geschäftsreise ohne eine Hermes-Tasche, ein Cartier-Kettchen, einen goldbefußten Schemel von Tom Drag, ein Originalbild von Eugen Daub oder einen Gartenzwerg von Ottmar Hörl nach Hause zurückzukehren.

Viele erlebnisorientierte junge Chinesinnen genießen ihren Aufenthalt in Deutschland, da vielen von ihnen zum ersten Mal in ihrem Leben so richtig der Hof gemacht wird. Und nicht wenige bleiben für immer in Deutschland. Chinesische Männer dagegen kehren nach ihrem Studienaufenthalt meistens wieder in die Heimat zurück, es sei denn sie finden einen Arbeitsplatz in einer chinesischen Firma oder sie haben zu Hause schon eine chinesische Ehefrau, die sie nach Deutschland holen können, um dann gemeinsam ein China-Restaurant zu eröffnen.

Aber man kann so einem Chinesen nur raten, seine Frau nicht zu früh nach Deutschland zu holen, denn ich habe schon von zu vielen furchtbaren Dramen gehört, bei denen die frisch importierte Frau oder die mitgekommene Freundin sich sehr schnell umorientiert und den chinesischen Partner gegen einen Langnasen getauscht haben. Eine glaubwürdige chinesische Bekannte von mir berichtete, dass ein frisch verlassener chinesischer Sprachschüler vor ein paar Jahren in Bonn in den Rhein stieg, um in Selbstmordabsicht zum anderen Ufer zu schwimmen. Da er aber nicht so gut schwimmen konnte wie unser Steuermann Mao, der ja bekanntlich eigenhändig und eigenbeinig den Jangtse überquert hatte, wurde er von der Strömung immer wieder ans Ufer getrieben, wo er von der herbeigerufenen Polizei abgefischt wurde.

Die asiatisch-deutsche Anziehungskraft wurde ja angeblich schon vom chinesischen Geheimdienst ausgenutzt, allerdings halte ich das Gerücht um das Projekt mit dem Namen „1000 Lotusblumen" für eine Legende, wonach in den 90er Jahren chinesische Studentinnen darauf geschult wurden, sich an deutsche Ingenieure, Telekommunikationsexperten und politiknahe Influencer ranzuschmeißen und sie zu heiraten, um ihnen technische Geheimnisse zu entlocken oder anderweitig Einfluss zu nehmen. Das Projekt sei dann aber schnell abgeblasen worden, da sich zu viele Chinesinnen nachträglich in ihre Zielobjekte verliebten und dann keine richtigen Infos mehr rüberwachsen lassen wollten.

Kapitel 7: Die deutsche Familie

Kinder sind unser Unglück. Kindergeld im Freizeitpark. Nachwuchssorgen im Lastenfahrrad

Die Kinder sind unser Unglück

Es gibt in Deutschland eine Unmenge von Dauer-Singles, also Menschen, die aus verschiedenen Gründen alleine leben, nicht nur Witwen und Witwer, sondern Leute, die vom Beginn ihres Berufslebens bis ins hohe Alter ein einsames Apartment bewohnen. Das ist in China noch die Ausnahme, denn der soziale Druck, spätestens bis Ende zwanzig mit der Familiengründung anzufangen, ist dort immer noch vorhanden.

Ferner gibt es in Deutschland sehr viele deutsche Ehepaare, die kinderlos sind, entweder weil ein Partnerteil unfruchtbar ist, oder weil sie sich bewusst dafür entscheiden. Es gibt sogar sehr viele Paare, bei denen sich einer oder beide sterilisieren lassen, damit kein „Unglück" passiert. Denn es ist für sie tatsächlich ein Malheur, ein Kind in die Welt zu setzen. Eine Lehrerin namens Verena Brunschweiger, die das auch so sieht, hat sogar einen Bestseller darüber geschrieben: Es sei für die Umwelt besser, wenn man auf das Kinderkriegen verzichte, denn erst dann könne man den Klimawandel stoppen.

Das ist in chinesischen Augen eine sehr radikale Ansicht, denn die Familie ist bei uns der oberste Wert an sich. Wozu sollte man auch die Welt oder das Klima retten, wenn es keine Nachkommen gibt, die von einer besseren Welt profitieren könnten? Die Erde sei vom Menschen zu säubern, ist eine Antwort, die ich in Gesprächen mit Deutschen sehr oft gehört habe. Der Mensch habe nicht nur eine Verantwortung gegenüber sich selbst, sondern für alle Lebewesen und für den ganzen Planeten, daher sollte er sich am besten selbst abschaffen, wenn er das mit dem Umweltschutz nicht hinbekomme.

Das ist in meinen Augen eine klar menschenverachtende Haltung, die man sonst nur totalitären Ideologen unterstellt. Einige meiner deutschen Gesprächspartner, die etwas moderater waren, behaupteten, es sei typisch kommunistisch, wenn man die Familie abschaffen wolle. Das kann ich aus chinesischer Sicht nicht bestätigen: Obwohl es möglicherweise auch unter Mao Übertreibungen mit der Kollektivierung gab, wurde die Familie nie in Frage gestellt. Dass während der Kulturrevolution Kinder dazu angehalten wurden, ihre Eltern zu denunzieren, gilt heute in China als ein Fehler.

Die Familie ist bei uns das ein und alles, und wer seine Familie nicht ehrt oder nach Kräften unterstützt, ist moralisch unten durch. In Deutschland dagegen gibt es viele, die ihre eigene Familie oder die Familie an sich verachten. Viele Senioren werden vielleicht einmal im Jahr, wenn überhaupt, von ihren Kindern oder Enkeln besucht, und das auch nur, damit sie zu Weihnachten Geschenke abstauben oder damit sie es vermeiden, beim Erbe leer auszugehen. Andere kümmern sich viel lieber um wildfremde Menschen, die als Flüchtlinge nach Deutschland gekommen sind, als um eigene Familienmitglieder, die in materielle oder seelische Not geraten sind.

Auch Chinesen sind hilfsbereit, aber es gibt da eine strenge Hierarchie: Als erstes kommt die Familie, da wird bedingungslos und ohne die Erwartung einer künftigen Gegenleistung geholfen, man will nur Starthilfe geben, damit der Sprössling das Beste aus sich macht und selbst eine Familie gründet. Dann kommen entferntere Verwandte, gute Freunde oder gute Nachbarn. Danach kommen Bedürftige aus dem eigenen Land, die man nicht kennt, aber auch wirklich nur solche, die unverschuldet in Not geraten sind. Und erst zu Allerletzt kommen Menschen aus fremden Ländern, und dann auch mit der Erwartungshaltung, dass sie dankbar sind und alles tun, um die Hilfe zurückzahlen zu können.

Deswegen ist auch die chinesische Entwicklungspolitik so ausgerichtet, dass man keine Almosen verteilt, sondern dass investiert wird, um später etwas zurückzubekommen. Sogar westliche Experten sagen inzwischen, dass diese Methode in Afrika eher geeignet ist, dort den Wohlstand zu mehren. Der Chinese baut dort Straßen, Eisenbahnstrecken, Kraftwerke und Fabriken, um selbst zu profitieren. Als Nebeneffekt hat das afrikanische Land dann eine bessere Infrastruktur und wird in die Lage versetzt, sich später aus eigener Kraft zu entwickeln.

Die Message der westlichen Entwicklungshilfe dagegen kommt beim Afrikaner so an: „Wir helfen Euch dauerhaft, da ihr es selbst eh nicht auf die Reihe kriegt. Das sind zwar wir schuld, wegen Kolonialismus und so, aber durch die Entwicklungshilfe kaufen wir uns ein gutes Gewissen und dürfen uns dann moralisch überlegen fühlen. Und wenn euch die Hilfe nichts bringt, kommt einfach nach Europa, denn da gilt Refugees Welcome und Wir haben Platz."

Es ist für China ein Segen, dass dieses Riesenreich früher nicht in Verlegenheit gekommen war, Kolonien zu gründen, denn so können wir heute unbeschwert und ohne Gewissensbisse fruchtbaren Handel mit aller Welt treiben und müssen nicht den Bevölkerungsüberschuss der Dritten Welt bei uns aufnehmen, was auf beiden Seiten ganz offensichtlich zu falschen Hoffnungen und zu Frustrationen führt.

Doch zurück zur Familie: In China gilt ein Zweipersonenhaushalt noch nicht als Familie. Eine richtige Familie beinhaltet nämlich Nachwuchs, erst dann ist es eine nachhaltige Keimzelle der Gesellschaft. Eine typische gutbürgerliche deutsche Familie in diesem Sinne, also ein Paar mit Nachwuchs, hat im Durchschnitt zwei Kinder, wobei das nur ein statistischer Median-Durchschnitt ist, denn es gibt ungefähr genauso viele Familien mit nur einem Kind oder mit drei Kindern. Inklusive der Paare und Alleinerziehenden, die gar keine Kinder haben, liegt der rein mathematische Durchschnitt in Deutschland bei nur 1,4 Kindern pro Frau, was sogar weniger als der chinesische Durchschnitt ist, trotz jahrzehntelanger Ein-Kind-Politik. Familien mit noch mehr als drei Kindern findet man in Deutschland fast nur entweder bei den sehr Wohlhabenden oder bei Sozialhilfeempfängern.

Eine bekannte deutsche Politikerin zum Beispiel hat sieben Kinder und gilt damit bei den Gutverdienenden schon als große Ausnahme, die von vielen Landsleuten sogar etwas schräg angesehen wird. Bei den Hartz-IV-Empfängern kommt es auch vor, dass mehr Kinder gezeugt werden, aber das liegt auch an einem wirtschaftlichen Kalkül: Pro Kind gibt es eine bestimmte Summe an Kindergeld, und auch die zugeteilte Wohnung wird größer, je mehr Kinder da sind. Das Kindergeld stecken die Eltern dann leider aber meistens nicht in Bildung, sondern in Genussmittel wie Alkohol oder Zigaretten, oder sie fahren einmal im Monat in einen großen Freizeitpark wie das Phantasialand in der Nähe von Bonn.

Kindergeld im Freizeitpark

Als ich das erste Mal nach ungefähr zwei Jahren Deutschland-Aufenthalt in diesem eigentlich sehr schönen und liebevoll gestalteten Park war, sah ich einen ganz anderen Menschenschlag, als ich ihn aus dem gutbürgerlichen Freundeskreis meiner Au-pair-Familie oder aus dem studentischen Milieu her kannte. Im Freizeitpark war fast jeder Mann und jede Frau tätowiert, übergewichtig und schien unter Sprachdefiziten zu leiden. Sie wirkten viel rauer und ungehobelter, und ich fragte mich zunächst, welcher Arbeitgeber diesen verwahrlost und alles andere als repräsentativ aussehenden Menschen denn Arbeit geben würde und in welcher Branche sie tätig seien. Denn selbst von Bauern oder Müllmännern, die ich in Deutschland gesehen hatte, war ich ein solches Aussehen nicht gewohnt, höchstens von drogenabhängigen Bettlern, welche die Gegend um den Bonner Hauptbahnhof bevölkern.

Aber mein Begleiter meinte, die würden alle nicht arbeiten, sondern Sozialhilfe – Hartz 4 genannt – bekommen, möglicherweise würden sie sogar einen Sonderzuschuss für Kultur oder Sport erhalten, den sie statt im Theater oder im Schwimmverein auch im Freizeitpark einlösen könnten. Das tragische an alledem ist, dass die Kinder in solchen Familien überhaupt nicht gefördert werden, da ihre Eltern, obwohl sie Zeit dafür hätten, ihnen gar nicht bei den Schulaufgaben helfen würden.

So kommt es, dass diese Kinder selbst oft den einfachsten deutschen Schulabschluss nicht schaffen und später selbst in die Hartz-Vier-Fußstapfen ihrer Eltern treten. Ich kann immer noch beim besten Willen keinen Sinn in diesem System sehen, es sei denn man will sich unmündige und abhängige Zombie-Bürger schaffen. Aber diese Rechnung kann nicht aufgehen, denn wenn es zu viele von diesen arbeitsunfähigen Menschen gibt, sägen auch die Mächtigen an dem Baum, auf dem sie sitzen und dessen Früchte sie essen, denn dieser Baum, das ist die Gesellschaft leistungsfähiger Bürger.

Nachwuchssorgen im Lastenfahrrad

Aber nicht nur den Hartz-IV-Empfängern in Deutschland scheint das Wohl ihrer Kinder und der Zukunft der Gesellschaft nicht so sehr am Herzen zu liegen. Als ich das erste Mal im Bus in Bonn unterwegs war, um zur Sprachschule zu gelangen, war ich richtig erschrocken, als der Bus im weiten Bogen eine Frau überholen musste, die sich mühsam auf einem Fahrrad mit Anhänger abstrampelte.

Denn in dem Anhänger befand sich zu meinem Entsetzen ein kleines Kind! Ich war überzeugt, es hier mit einer sehr armen und bemitleidenswerten Frau zu tun zu haben, vielleicht mit einem Flüchtling aus Afghanistan, Syrien oder der Ukraine, also einer Frau, die es gewohnt war, dass sie und ihr Kind ständig in Lebensgefahr schweben und die deswegen ein anderes Risikobewusstsein hat. Denn dass man ein Kind in einen klapprigen Fahrradanhänger steckt und sich auf eine enge Kraftfahrstraße wagt, die man sich mit Autos, Bussen und Lieferwagen teilt, schien mir so gar nicht zu meinem Bild von den Deutschen zu passen, das ich bislang hatte, nämlich einem Volk von klugen, aufgeklärten, vernünftigen und tugendhaften Menschen.

Also musste es sich um eine Ausländerin handeln, aber es war offenbar keine Frau aus dem Orient, denn sie trug keinen Schleier, dafür aber lila Strähnen in den Haaren und einen bunten Mantel, und auf dem Kinderanhänger waren jede Menge bunte Aufkleber. Eine Roma vielleicht, ging mir durch den Kopf, denn ich hatte gehört, dass die auch abfällig Zigeuner genannten Roma sich gerne bunt kleiden und einige von ihnen ihre Kinder zum Betteln auf die Straße schicken.

Dieses Schauspiel wiederholte sich täglich mehrmals, und ich wunderte mich, dass diese armen Frauen nicht von der Polizei aus dem Verkehr gezogen wurden, um die Anhängerkinder nicht weiterhin dieser gefährlichen Verkehrssituation und den Abgasen aus den vorbeifahrenden Autos auszusetzen, deren Auspuff sich zumeist in Atemwegshöhe befand.

Aber wie staunte ich erst, als nach einer Woche meine Au-pair-Familie zu einer Radtour aufbrach, aus der Garage einen Fahrradanhänger holte und den vierjährigen Sohn da reinpackte. „Möchtest du den Anhänger fahren?" fragte meine Gastmutter. Aber sie bemerkte meinen entsetzten Blick und sagte: „Musst du nicht, aber das ist wirklich nicht schwer, der Anhänger gibt dir als Radfahrerin sogar mehr Stabilität." Die Gastmutter befestigte den Anhänger mit dem vierjährigen Kind an ihr eigenes Rad, und so machten wir uns mit vier Fahrrädern und der Kinderschleuder auf den Weg.

Diese Ausflüge waren mit Abstand das Schlimmste, was ich als Au-pair-Mädchen erdulden musste, zumindest solange es über Verkehrsstraßen ging. Auf denen war oft eine gestrichelte Linie eingezeichnet, die einen etwa einen Meter breiten Streifen markierte, auf denen Fahrräder Vorrang hatten. Und auf einer engen Straße hält so eine Kolonne von vier Pedalgefährten natürlich die Autos auf, so dass es zwangsläufig zu Staus hinter uns kam. „Keine Sorge", sagte mein Au-pair-Vater, „wenn ein Auto überholt, ist der oder die Fahrende gesetzlich verpflichtet, anderthalb Meter Abstand zu halten." Das bedeutete, dass die überholenden Autos eigentlich warten mussten, bis die Gegenfahrbahn frei war, denn sonst hätten sie auf keinen Fall diesen Abstand von 1,5 Metern einhalten können. Jeder zweite Autofahrer hielt sich aber nicht daran und fuhr ganz dicht an uns vorbei, und dabei sah ich allzu oft vorwurfsvolles Kopfschütteln, was ich sehr gut nachvollziehen konnte. Ich schämte mich, Teil dieses kindeswohlgefährdenden Verkehrshindernisses zu sein, aber andererseits war ich froh, dass offenbar auch andere Deutsche befremdet darüber waren, dass man als wohlhabende Familie ohne Not auf dieses Verkehrsmittel zurückgriff, obwohl alle Naherholungsgebiete auch mit dem Auto super zu erreichen waren.

Nach dem ersten Horror-Trip dieser Art versuchte ich zaghaft, meine Gasteltern von der Gefährlichkeit dieser Fortbewegungsart zu überzeugen, biss aber auf Granit. „Als Fahrradfahrer ist man in Deutschland auf jeden Fall im Recht. Das ist bei euch in China wahrscheinlich noch anders. Aber hier müssen sich die Autofahrer an den Mindestabstand halten, und im Falle eines Unfalls ziehen sie vor Gericht den Kürzeren." Mir fiel zwar sofort ein Gegenargument ein, aber ich behielt es lieber für mich. Später las ich im Facebook einen Witz, der sehr gut zur Einstellung vieler Deutscher passte: Auf dem Grabstein eines Verkehrsopfers stand: „Ich hatte aber Vorfahrt."

Kapitel 8: Schutz der deutschen Umwelt

Der Trennungskult. Nachdenken über den Teebeutel

Der Trennungskult

Die erste Lektion in meiner Au-pair-Zeit war die Kunst der Mülltrennung. Und wenn ich erste Lektion schreibe, dann meine ich das auch so, denn die Einführung in die Tonnenkunde erfolgte am allerersten Tag meiner Ankunft bei meiner Gastfamilie in Bonn. Wenn ich jetzt für eine chinesische Leserschaft schreiben würde, müsste ich nun mindestens zehn Seiten füllen, aber Ihr Deutschen saugt ja die Mülltrennung mit der Muttermilch auf, so dass ich hier rein technisch nichts erklären muss. Dass mich aber die schier fanatische Akribie, mit der dieser Sport betrieben wurde, sehr verwunderte, ist vielleicht für einen Deutschen doch nicht ganz uninteressant.

Aber so mag ich die Deutschen: Eine Sache mit allergrößter Genauigkeit und ohne Kompromisse und ohne jedwede Nachlässigkeit verfolgen, so dass das bestmögliche Ergebnis dabei herauskommt. Bei Motoren und anderen Erzeugnissen der Ingenieurskunst wäre es eine feine Sache, wenn an deutschem Wesen die Welt genesen würde. Ganz anders sieht es aus, wenn es um Ideologien und Sekundärtugenden geht. Da kann es von Nachteil sein und zahlreiche Kollateralschäden nach sich ziehen, wenn solche Ideen und Flausen mit deutscher Gründlichkeit um ihrer selbst willen umgesetzt werden.

Nachdenken über den Teebeutel

Sowohl meine Au-pair-Familie als auch danach meine Wohngemeinschaft haben wahrscheinlich täglich eine halbe Stunde damit verbracht, den Hausmüll richtig zu trennen und der richtigen Tonne oder dem richtigen Container zuzuführen. Bei einem Teebeutel zum Beispiel hat unsere Au-pair-Mutter den Faden mit dem Etikett vom Beutel getrennt und in den Mülleimer für den gelben Müll geworfen, während der Beutel in den Bio-Müll kam. Meine spätere WG-Genossin Griseldis bestand sogar darauf, auch noch mit einer Schere den Faden vom Etikett abzuschneiden, um dann den Faden in den gelben und das papierne Etikett in den blauen Korb zu werfen.

Joghurtbecher müssen erst sorgfältig ausgespült werden, bevor sie in den gelben Sack kommen. Wenn in einem Joghurtbecher noch etwas Inhalt übriggeblieben war, weil etwa Matthias auf halbem Verzehrwege feststellte, dass das Haltbarkeitsdatum erreicht war, dann musste nach der Ansicht von Matthias der Restjoghurt erst in die schwarze Tonne entleert werden, bevor man den Becher ausspülen und gelb einsacken konnte.

Lena aber war ganz anderer Meinung: Sie war davon überzeugt, dass der Joghurt-Rest in den grünen Bio-Eimer gehörte. Beide Seiten lieferten stets gut fundierte Begründungen für ihre Meinung, was oft in Diskussionen mündete, an denen sich die ganze Wohngemeinschaft beteiligte. So ist meine Schätzung nicht übertrieben, dass das Ritual der Mülltrennung jeden Tag eine halbe Stunde beanspruchte, also viel mehr als ein sehr frommer Buddhist täglich dafür braucht, um seine Ahnen zu ehren.

Aber dafür gehen die umweltbewussten Deutschen nicht mehr in die Kirche, das heißt allenfalls zu Weihnachten mit den Eltern oder zur Kommunion oder Konfirmation. Anscheinend hat der Abfall vom herkömmlichen Glauben eine Lücke hinterlassen, die anderweitig gefüllt werden musste, und so wird die Dreifaltigkeit aus schwarzer, gelber und grüner Tonne zum Küchen-Altar eines modernen Kults, der mit einer solch fanatischen Hingabe gepflegt wird, dass man lieber nicht zum Ketzer abgestempelt werden will – und das obwohl Ihr Deutschen keinen Mao oder einen anderen Diktator habt, der über Euch wacht.

Kapitel 9: Die deutsche Pflicht zur eigenen Meinung

Asiatischer Konformismus und deutscher Uniformismus

Wir Chinesen sind ja sehr zurückhaltend, was Äußerungen zu Politik und Gesellschaft angeht. Das liegt in unserer Mentalität begründet, liegt also nicht nur an der schmerzhaften Erinnerung daran, dass unter Maos Herrschaft auch die zaghaftesten Dissidenten schnell als „Rechtsabweichler" gebrandmarkt, denunziert und verfolgt wurden. Es liegt einfach in unserem Wesen, dass wir uns nicht so weit aus dem Fenster lehnen möchten. Was ich hier alles schreibe, würde ich im persönlichen Gespräch nur absoluten Vertrauenspersonen gegenüber über die Lippen bringen. Und ich würde auch nie den Kopf im Fernsehen dafür hinhalten, egal wie viel Geld man mir dafür gäbe.

Und so sehe ich äußerlich wie eine ganz gewöhnliche junge Chinesin aus, die einfach nur freundlich lächelt und sonst nichts von sich gibt, wenn es um Meinungen geht, die über Essen und Klamotten hinausgehen. Von außen entsteht schnell der Eindruck, dass wir Chinesen Konformisten sind, die alles nachdenken, was Vater Staat uns vorgedacht hat. Andere Meinungen, Kritik oder gar revolutionäre Gedanken werden immer im Geheimen oder zumindest sehr diskret gehegt, aber wie die Geschichte Chinas zeigt, tragen auch solche geheimen Ideen allzu oft Früchte. Und deswegen ist die chinesische Regierung vielleicht auch noch misstrauischer gegenüber ihren Bürgern als westliche Länder.

Die chinesische Regierung weiß nämlich gar nicht so recht, was die chinesischen Bürger so denken und greift deswegen sicherheitshalber auf Überwachung und ein Sozialkreditsystem zurück, also eine Art Facebook mit staatlich vergebenen Tugendpunkten, die darüber entscheiden, ob man kreditwürdig, gesellschaftsfähig, reisetauglich oder auf die eine oder andere Art ansteckend ist. Ich habe mir sagen lassen, dass man sich so etwas im Westen nur in den schlimmsten Utopien ausgedacht hat, so etwa in George Orwells „1984" oder in Oliver Uschmanns „Feindesland".

Aber so ein Überwachungs- und Sozialkreditsystem braucht ein Staat mit westlichen Bürgern auch kaum, denn hier sagt jeder mehr oder weniger offen seine Meinung und macht aus seinem Herzen nur selten eine Mördergrube. Und mehr noch: Es ist vor allem in Deutschland geradezu eine Pflicht, eine eigene Meinung zu haben. „Egal ist keine Meinung", heißt zum Beispiel der moralisierende Slogan eines Nachrichtensenders. Wenn man also als Deutscher zu einem bestimmten Thema keine Meinung hat, muss man sich schleunigst eine Meinung zulegen. Aber es gibt ja ein großes Angebot an Nachrichten- und Meinungssendungen im deutschen Fernsehen, so dass man sich mühelos ein fertiges Meinungs-Template auf seine Gehirn-Festplatte herunterladen kann.

Umso schöner dann, wenn man mit vielen anderen Gleichgesinnten „zufällig" die gleiche Meinung teilt, denn hier verhält es sich wie beim Leid: Nur eine geteilte Meinung macht diese erträglich und tragbar. Dann kann man auch guten Gewissens auf diejenigen herabsehen, die ihre Meinung von einer abwegigen Quelle bezogen haben oder die sich ihre eigene Meinung praktisch ganz in Eigenregie zusammenanalysiert haben. Aber das ist nicht nur typisch Deutsch, sondern allgemein Menschlich. Das typisch deutsche dabei ist nur die

Gründlichkeit, mit der das Konzept der „Meinung" dazu dient, Menschen einzuordnen und zu kategorisieren.

Das ist übrigens nicht nur im Politischen so, sondern auch im Kulturellen. Wer in Deutschland Schlager-Fan ist, der kann kein Popmusik-Fan sein, und wenn jemand Metal-Fan ist, dann ist es ausgeschlossen, dass er auch Jazz oder Country-Musik hört. Da sind wir Chinesen viel toleranter: Man kann als einzelner Mensch ebenso gerne Peking-Oper hören wie Black Metal oder Mozart, ohne dass irgendjemand den Kopf darüber schüttelt, genauso wie man bei uns problemlos unter dem Weihnachtsbaum ein Räucherstäbchen für Buddha anzündet oder genauso wie man Kommunist sein kann und gleichzeitig den freien Markt befürwortet, weil der ja bessere Mäuse fängt.

Kapitel 10: Sitten, Moral, Politik und Religion in Deutschland

Deutsche Tugendsünden. Chinesische Waschgänge

Deutsche Tugendsünden

Amerika heißt auf Chinesisch „Měiguó", Frankreich „Fǎguo" und Deutschland „Déguó". Diese chinesischen Wörter sind Komposita, deren zweites Element „guó" einfach „Land" bedeutet, also Měiland, Fǎland und Déland. Da man im Chinesischen keine Buchstaben für einzelne Laute, sondern Symbole für ganze Wörter verwendet, musste man, um Namen für fremde Länder zu finden, existierende chinesische Zeichen finden, die einerseits für Wörter stehen, die so ähnlich klingen wie die fremden Namen, und die andererseits auch einen gewissen inhaltlichen Zusammenhang mit dem zu bezeichnenden Land aufweisen. Das klingt kompliziert, ist aber einfach, wenn man es anhand eines Beispiels veranschaulicht:

Wir suchen also für das Wort „Amerika" ein bereits existierendes ähnlich klingendes Wort. Da Chinesen nur sehr einfache Silben aussprechen können, bietet sich für „Amerika" schlicht und ergreifend die Silbe „mei" an. Da diese Silbe aber je nach Tonhöhe unterschiedliche Bedeutungen haben kann, muss man ein Wort aussuchen, das inhaltlich in etwa zum Land Amerika passt. Zur Auswahl stünden etwa „méiguó", was „Land der Kohle" oder auch „Land des modrigen Schimmels" bedeuten würde. Oder man wählt „mèiguó", was „langweiliges Land" heißt. Da der Chinese aber höflich ist, hat er „měiguó" gewählt, so dass aus Amerika nun das „Land der Schönheit" oder „Schönland" geworden ist.

Bei Frankreich fiel die Wahl leicht: „Făguó" heißt Gesetzland, denn das französische Gesetzeswerk des Code Napoléon wurde schnell unter Rechtsgelehrten in aller Welt berühmt. Und auch bei Deutschland war eine angemessene Silbe schnell gefunden: Das Land des Kategorischen Imperativs musste auf Chinesisch natürlicherweise „Déguó" genannt und geschrieben werden, also „Land der Tugend". Chinesische Gelehrte sagen übrigens, dass Immanuel Kants Tugendlehre in etwa der Moralphilosophie von Konfuzius entspricht.

Aber auch in der modernen Zeit passt Déguó sehr gut zu Deutschland. Denn in China gilt Deutschland neben Schweden als eine Hochburg der Báizuǒs, also der „weißen Linken", die immer neue Tugenden in allen möglichen Fachbereichen entdecken, von der Mülltrennung bis zur LGBT-Wissenschaft und vom Klimaschutz bis zur „kulturellen Aneignung" der Woke-Gelehrten. Die USA sind zwar auch in diesen Bereichen ein Stück weit fortschrittlicher als die Europäer, aber wir Chinesen hinken da noch meilenweit hinterher.

Chinesische Waschgänge

Vor ein paar Jahren gab es einen weltweiten Aufschrei, als ein chinesischer Werbespot für ein Waschmittel im Internet kursierte: Eine hübsche Chinesin steht im Salon vor einer Waschmaschine und wird von einem hübschen Afrikaner angesprochen. Die Chinesin steckt den Schwarzen ohne viel

Federlesens in die Waschmaschine, und nach ein paar Umdrehungen steigt der Mann als hellhäutiger und sozusagen waschechter Chinese aus dem Gerät, woraufhin die Frau mit dem Ergebnis zufrieden ist.

Das wurde als ultrarassistisch gebrandmarkt, aber selbst ich mit meiner mehrjährigen Langnasenerfahrung musste erst gründlich überlegen und ein paar deutsche Bekannte fragen, bevor ich ungefähr verstand, was denn an dem Spot als rassistisch zu empfinden sei. Zunächst einmal wurde angeblich unterstellt, dass die schwarze Haut von der Chinesin als schmutzig empfunden werde und deswegen zu waschen sei. Dabei weiß auch in China selbst der dümmste Hinterwäldler, dass die Tönung der Haut nichts mit Dreck zu tun hat. Ferner wurde bemängelt, dass die Chinesin offenbar nichts mit einem Schwarzen anfangen wollte und sich deswegen lieber einen echten Chinamann zurechtgewaschen hat.

Aus Sicht der chinesischen Reklamemacher war aber gerade dieser Akt der Waschung ein antirassistisches Signal: Der Schwarze ist ja durch seine Bleichung nur rein äußerlich aufgehübscht worden, während sein Wesen durch den Waschgang unberührt geblieben ist. Es ist der Frau also nicht auf die Rasse angekommen, sondern nur auf die Hautfarbe, und die rassischen Unterschiede können so groß nicht sein, wenn eine blitzschnelle Waschung ausreicht, um aus einem Afrikaner einen Chinesen zu machen. Für chinesische Verhältnisse war dieser Werbespot also geradezu revolutionär und völkerverständigend.

Denn man muss auch zugestehen, dass ein durchschnittlicher Chinese einen Menschen aus Afrika niemals als Chinese identifizieren würde, egal wie gut er Chinesisch spricht und wie lange seine Vorfahren vielleicht schon in China wohnen. Auch ein Deutscher, der in China aufgewachsen ist und fünftausend Schriftzeichen beherrscht, wird in China immer als Deutscher wahrgenommen, und auch einem solch chinaerfahrenen Deutschen selbst würde es nie in den Sinn kommen, sich selbst als Chinesen zu sehen oder zu fordern, dass man ihn gefälligst als Chinesen sehen und bezeichnen solle.

Das würde genau der gleiche Deutsche aber tun, wenn er in seinem Ursprungsland sozialisiert worden wäre, oder er würde es von seinen Landsleuten verlangen, wenn es um Einwanderer aus China, Nigeria oder Papua-Neuguinea in Deutschland geht. Dann ist es nämlich schon rassistisch, wenn man als Deutscher diese Einwanderer überhaupt schon fragt, woher sie denn kommen.

Mittlerweile halten es viele bereits für Rassismus, wenn man überhaupt einen optischen Unterschied wahrnimmt oder äußert, wenn zum Beispiel ein Schiedsrichter Ärger bekommt, wenn er einen Menschen als „den Schwarzen" bezeichnet, um ihn von den anderen neben ihm sitzenden Menschen mit heller Hautfarbe zu unterscheiden, so geschehen bei einem Fußballspiel zwischen Paris St. Germain und Başakşehir Istanbul Ende 2020.

Kapitel 11: Wie man sich sieht

*Nabelschau mit Geburtsnachwehen. Europäische Körper-
welten. Jäger der Nordsteppe. Starke Partnerschaften*

Der Deutsche hat ein Selbstbild, das sich erheblich von dem
unterscheidet, wie andere Völker ihn betrachten. Das hatte
ich während meines Deutschlandaufenthalts selbst erfahren
können, bevor ich es später durch Soziologen und journalis-
tische Beobachter aus China bestätigt bekam. In meinem
Deutschkurs der Stufe C1 musste ich mal einen Text darüber
schreiben, wie ich mich als Chinesin sehe und was mich meiner Meinung nach als Chinesin ausmacht. Wenn ein typischer Deutscher Anfang zwanzig so einen Aufsatz schreiben
müsste, würde in etwa folgendes dabei herauskommen:

*„Ich bin zwar in einem Land namens Deutschland geboren
und bin mit der Sprache Deutsch aufgewachsen, aber ich
identifiziere mich keineswegs als Deutscher. Eher als Europäer oder besser noch als Weltbürger, denn alle Menschen
haben die gleichen Rechte, egal wo sie wohnen. Also haben
auch alle Menschen, die gerade in Deutschland leben, genau die gleichen Rechte. Ein Migrant, der vor kurzem hier-
hingezogen ist, sollte sogar mehr Rechte haben, als jemand,
der schon länger hier lebt, denn er ist unterprivilegiert und
meistens nicht-weißer Hautfarbe und hat in seinem Heimat-
land womöglich unter den Nachwirkungen des Kolonialismus
gelitten, aber auch unter Umweltzerstörung und unfairem
Welthandel, woran wiederum wir weißen Industrieländer
schuld sind. Daher sollte ich als weißer Deutscher mit Nazi-
hintergrund, vor allem wenn ich dazu noch männlich bin, mir
dieser Privilegien bewusst sein und sie aufgeben. Meine*

Landsleute, die das nicht so sehen, haben nicht das Recht, auf ihren Privilegien zu beharren. Deren Ansichten sind keine vollwertigen Meinungen, sondern eigentlich schon Verbrechen.

Andere Länder mit weißen Mehrheiten sehen das vielleicht nicht so, aber sie sind halt noch nicht so weit wie wir, vor allem die Länder Osteuropas, die nach der Phase des Kommunismus vom Kapitalismus, dem Konsumwahn und dem nationalen Egoismus befallen wurden. Von uns Deutschen sollten sich alle weißen Länder eine Scheibe abschneiden, vor allem auch die Amis, aber die sind auf einem guten Weg, nachdem sie Trump gestürzt haben.

In Europa konnte uns bis vor kurzem allenfalls noch Schweden das Wasser reichen, aber selbst die haben wir überholt, weil die Schweden aus nationalem Egoismus heraus keinen strengen Corona-Lockdown gemacht haben und jetzt Rechtsabweichler an der Regierung beteiligen. Wir Deutschen haben gelernt: Einer für alle, alle für einen. Ins Internationale übersetzt heißt das: Deutschland ist für die ganze Welt da, als Zufluchtsort für alle Unterprivilegierten und eine das Eigene überwindende Metanation, die als leuchtendes Vorbild für die ganze Welt dient.

Erst erziehen wir Deutschland, dann die ganze Welt. Am deutschen Wesen genest der ganze Planet, denn wie kein anderes Volk haben wir aus unseren für alle Ewigkeit verachtenswerten Fehlern und Sünden der Vergangenheit gelernt. Es gibt zwar keine Rassen, aber uns Deutsche haftet für immer das Kainsmal der Schuld an zwei Weltkriegen an, so dass wir als ewiger Deutscher Buße tun müssen bis zum Tag des Jüngsten Gerichts. Und mit großem Nationalstolz, *oder besser gesagt Antinationalstolz, nehmen wir diese einzigartige Verantwortung auf uns, eine Verantwortung, auf die andere neidisch sein können.*

Wir Deutschen sind auch die einzige Nation, die sich nicht einfach aus unserer hypermoralischen Verantwortung stehlen können, indem wir uns einfach als etwas anderes identifizieren, denn das wäre billige kulturelle Aneignung, die uns nicht zusteht und die wir nicht verdient haben. Andere Völker können sich das erlauben, sich plötzlich als Deutsche oder Amis zu identifizieren, aber bei uns Deutschen greift das nicht, denn wir sind zu einzigartig und vom historischen Schicksal dazu auserwählt, die Last der ganzen Welt wie ein moderner Atlas aus der griechischen Mythologie zu tragen.“

Diesen Aufsatz habe ich mir nicht aus den Fingern gesogen, sondern es ist eine nur leicht überspitzte Zusammenfassung von mündlichen und schriftlichen Aussagen der Deutschen, mit denen ich gesprochen habe.

Europäische Körperwelten

Das Klischee vom Chinesen in Europa sieht ungefähr so aus: Der Chinese ist immer höflich, zeigt aber nicht seine wahren Gefühle, daher ist er undurchschaubar und ein schwieriger Geschäftspartner. Er gibt Fehler nicht direkt zu, prangert sie aber auch bei anderen nicht an, weil er sein Gesicht und das Gesicht der Mitmenschen achten will. Ferner ist er nur wenig individualistisch, sondern ein konformistischer Massenmensch, der sich den Autoritäten beugt, vor allem den Eltern und der Partei.

Auf der anderen Seite ist er sehr anpassungsfähig und zeigt ein aufrichtiges Interesse an den Kulturen anderer Länder, vor allem in musikalischer und kulinarischer Hinsicht. Das Temperament des typischen Chinesen wird sehr schön im französischen Film „Monsieur Claude und seine Töchter" gezeichnet. Hier muss ein Chinese sich gegen den Vorwurf seines arabischen und seines jüdischen Schwagers wehren, er sage zu allem Ja und Amen und lächle über alles hinweg. Im Film erweist er sich aber als guter Geschäftsmann und robuster Freund, der wenn er sich verteidigen muss, auch mal handgreiflich werden kann. Die chinesische Frau wiederum gilt als recht selbstbewusst, die gerne die Fäden in der Hand hält, wofür die Mao-Witwe Jiang Qing ein Musterbeispiel ist.

Im Großen und Ganzen steckt in diesen Klischees ein wahrer Kern, zumindest wenn man den prototypischen Chinesen mit dem prototypischen Deutschen vergleicht, wie er von den Chinesen gezeichnet wird. In einem chinesischen Reiseführer für chinesische Geschäftsreisende nach Europa habe ich für die Menschen jedes europäischen Landes eine kurze Charakterisierung gefunden. Leider habe ich das Buch nicht mehr ermitteln können, aber die Beschreibungen fielen ungefähr folgendermaßen aus:

Der Deutsche ist sehr direkt. Wenn er schonungslos offen seine Meinung sagt oder Kritik übt, ist das nicht böse gemeint. Ein Lob aus seinem Munde ist zwar selten, dafür aber hundertprozentig ehrlich gemeint. Feilschen ist er nicht gewöhnt. Wenn ihm der Preis nicht passt, ist er meistens stur, und der Deal mit dem Chinesen platzt. Dafür ist der Deutsche sehr pünktlich. Wenn er Alkohol getrunken hat, taut er meistens ein wenig auf, aber längst nicht so sehr wie der Engländer.

Der Engländer ist sehr höflich, aber auf eine andere Art als der Chinese. Er denkt, dass er den Humor für sich gepachtet hat und macht im Gespräch mit Vertretern anderer Völker gerne ein paar witzige Bemerkungen, die aber niemand sonst versteht, so dass er sich die eigentlich sparen kann. Im Endeffekt ist er nicht so berechenbar wie der Deutsche, so dass es mit ihm schwerer ist, Geschäfte zu machen. Man darf nicht den Fehler machen, den Engländer für einen so stockehrlichen Menschen zu halten wie den Deutschen, sonst ist man als Chinese ausnahmsweise schnell selbst derjenige, der das schlechtere Geschäft gemacht hat.

Der Russe dagegen ist ein schlechter Geschäftsmann. Er versucht es auf die sentimentale Tour, und wenn das nicht hilft, kann er auch mal unverschämt sein. Deswegen schicken wir Chinesen nur hartgesottene Verhandler nach Russland, wenn es um wichtige Geschäfte geht. Auch trinkfest müssen sie sein, was das Bewerberfeld in China schon mal erheblich eingrenzt.

Eine Karikatur des Deutschen in Sachen Nüchternheit ist der Finne. Er kennt kein Smalltalk und sagt einfach gar nichts, wenn man ihn etwas Persönliches fragt. Dabei hat er einen so regungslosen Gesichtsausdruck, dass man meinen könnte, es mit einem Androiden zu tun zu haben. Wenn er eine Flasche Wodka getrunken hat, kommt schon mal ein müdes Lächeln über seine Lippen, aber Reden tut er dann immer noch nicht viel. Aber dazu muss es auch nicht kommen, denn ein Geschäftsgespräch mit dem Finnen ist meistens sehr kurz, aber erfolgreich, so ähnlich wie folgendes Gespräch:

Chinese: „Wir haben gefälschte Goldbarren für die Auslage bei Juwelieren". Finne: „mmmh". "Chinese: Sind Sie interessiert?" – „Ja." – „Pro Stück kosten sie 100 Euro." – „Gut". – „Wieviel Stück möchten Sie haben?" – „Tausend". Dabei muss man darauf achten, dass man etwa anderthalb Meter vom Finnen entfernt steht, denn eine geringere Körpernähe empfinden diese Nordmenschen als sehr unangenehm. Aber genau deswegen stecken sie sich auch kaum mit Corona an.

Beim Italiener ist die gebotene Körperdistanz viel geringer, aber dafür braucht man im Vergleich zum Finnen etwa zehn Mal so viel Zeit, um ans Ziel zu kommen. Zum Ausgleich hat man jedoch beim Italiener viel mehr Spaß und meistens auch einen hervorragenden Cappuccino gehabt, während es beim Deutschen und beim Finnen auch mal nur ein Plastikbecher mit Instant-Kaffee sein kann. Beim Kroaten oder beim Griechen sind die Umsätze zwar nur sehr klein, aber dafür wird man direkt auf eine wunderschöne Bootsfahrt auf der Adria oder in der Ägäis mitgenommen, samt Schnorcheln, Weintrinken und Sardellen- oder Tintenfischring-Verköstigung, also so richtig zum Entspannen.

Im Großen und Ganzen ist aber der Mittel- und Nordeuropäer dem Chinesen wesensverwandter als der Südeuropäer. Wie in Europa, so sind auch in China die Menschen desto temperamentvoller, je mehr es Richtung Süden geht. Die Nordchinesen gelten als beherrschter und kühler und ähneln in dieser Hinsicht eher dem Deutschen, während der Südchinese aus Kanton oder Hongkong eher dem Franzosen oder dem Norditaliener gleicht. Laut einer wissenschaftlichen Untersuchung sind schon chinesische Säuglinge viel ruhiger und pflegeleichter als europäische. Sie schreien weniger, haben einen viel geringeren Bewegungsdrang und lassen sich mit viel weniger Aufmerksamkeiten zufriedenstellen.

Jäger der Nordsteppe

Chinesische Anthropologen haben auch eine wissenschaftliche Theorie über das Entstehen der unterschiedlichen Temperamente bei den Völkern entwickelt: Der Asiate, also jener Typus mit schmalen Augen und relativ heller Haut, entwickelte sich in den kalten Regionen Mittel- und Nordasiens, wo in den langen Wintern diejenigen Menschen eher überlebten, die genügsam, nüchtern, vorausschauend und fleißig waren. Man musste zusammenarbeiten, und es gab nur wenig Berührungspunkte mit fremden Stämmen, und wenn, dann konnte man auch hier zum beiderseitigen Vorteil kooperieren. Die Jäger in den Kältesteppen mussten sich an die langen Wanderungen ihrer Beutetiere anpassen, und wenn Ackerbau überhaupt möglich war, dann gab es nur eine Ernte pro Jahr.

Im Gegensatz dazu hatte der Mensch des Südens in der Regel Nahrungsmittel im Überfluss, aber er musste sich vor viel mehr wilden und giftigen Tieren in Acht nehmen. Die einzelnen Stämme vermehrten sich rasch, aber in dem Moment, wo man sich bei den Jagdgründen zu sehr in die Quere kam, musste man aggressiv gegen seine Nachbarstämme vorgehen, so dass das Bevölkerungswachstum sich wieder zurückentwickelte. Der Mensch des Südens ist also impulsiver, aber weniger vorausschauend und weniger strategisch. Das chinesische Volk besteht sozusagen aus einer Mischung beider Typen, wobei die nördliche Variante dominiert.

So ähnlich wie bei den Asiaten verhält es sich mit den Mittel- und Nordeuropäern. Die Menschen in der Nordhälfte Europas mussten sich an besondere klimatische Bedingungen wie wenig Sonne und eine nicht so üppige Vegetation anpassen. Sie zogen den Herden von Rentieren oder Woll-Elefanten hinterher, und als das Klima etwas wärmer wurde, konnten sie bescheidenen Ackerbau betreiben. Auch hier begünstigte die Evolution den vorausschauenden und nüchternen Typen, der für die langen Winter vorsorgen musste und auf die Kooperation mit seinen Mitmenschen angewiesen war und der nur im Notfall auf Gewalt gegen konkurrierende Stämme zurückgriff. Später entwickelten sich in Nordeuropa auch kriegerischere Stämme wie die Wikinger, aber auch die Wikinger waren eigentlich eher gute Händler als Krieger und insofern wiederum die Vorläufer der späteren Hanseleute.

Es gibt sogar chinesische Anthropologen, die über einen gemeinsamen Ursprung von Nordeuropäern und Nordasiaten spekulieren. Dies zeige sich auch bei den Völkern, die optisch als Übergangsvölker zwischen dem typischen Nordeuropäer und dem typischen Nordasiaten angesehen werden können. So könne man eine sich allmählich von West nach

Ost verändernde Linie von Germanen, Slawen, Finnougriern, Turkvölkern, Sibiriern, Mongolen und Chinesen ziehen. Von West nach Ost nehmen dabei blondes Haar und helle Augen ab, während der Teint ein wenig dunkler wird und die Augen als Anpassung an die Schneesteppe immer schmaler geraten.

Und tatsächlich kann man bei mittelasiatischen Turkvölkern wie den Altaiern und den Jakuten oder bei sibirischen Völkern wie den Korjaken und auch bei den mongolischstämmigen Hazaras im zentralafghanischen Hochland sehr oft noch eine Kombination aus Schlitzaugen und blonden Haaren sowie blauen Augen beobachten, so dass es sich hier offensichtlich um sogenannte Übergangsrassen handelt. Die Frage ist nur, ob zuerst der asiatische Typ oder der nordeuropäische Typ da war, ob also die Wanderung von Ost nach West oder in umgekehrter Richtung erfolgte. Die chinesischen Wissenschaftler argumentieren, dass sich zuerst der asiatische Typ entwickelt hat, weil nämlich im Norden Asiens während der letzten Eiszeit die Bedingungen für menschliches Leben viel besser waren als in Nordeuropa, das in dieser Zeit weitgehend vergletschert war. In Nordasien hatte man es mit einer Eissteppe zu tun, über die riesige Herden von Rentieren, Mammuts und Wollnashörnern zogen, welche den Menschen ausreichend Nahrung gaben. Später wanderten einzelne Gruppen mit den Wildtieren gen Westen, und als sich in Nordeuropa die Gletscher zurückzuziehen begannen, entstanden auch hier günstige Lebensbedingungen für Menschen, vor allem auf dem Gebiet des sogenannten Doggerlands, einer fruchtbaren Tundrasteppe dort, wo sich später im Rahmen der nacheiszeitlichen Erderwärmung und dem Ansteigen des Meeresspiegels die Nordsee ausbreitete und schließlich nur noch Helgoland übrigließ.

Da dort aber längst nicht so oft die Sonne schien wie in Nordasien, überlebten diejenigen Mutanten mit heller Pigmentierung viel eher, da deren Haut mehr Vitamin D aufnehmen konnte. Außerdem bildete sich die Mongolenfalte zurück, also jenes die Augen schmälernde und schützende fetthaltige Oberlid, das sich in Nordasien als Schutz gegen die starke und den Schnee reflektierende Sonne gebildet hatte. Da die Sonne dagegen in Nordeuropa nur wenig schien, konnte sich dieses Lid zurückentwickeln und die durch den Pigmentrückgang entstandenen blauen Augen noch besser zur Geltung kommen lassen.

Genetisch gesehen sind somit die Völker Mittel- und Nordeuropas, aber natürlich auch die von den Wanderungen der Nordeuropäer beeinflussten Völker rund ums Mittelmeer Abkömmlinge der Nordasiaten. Wenn man sich einzelne Menschen Nordeuropas anschaut, könnte man tatsächlich meinen, es mit einem blond gefärbten Asiaten zu tun zu haben, zum Beispiel im Falle des norwegischen Fußballstars Erling Håland.

Einige chinesische Anthropologen behaupten auch, dass Europäer und die Asiaten aus dem kalten Teil Asiens einen Vorteil dadurch hatten, dass sie einen kleinen Anteil an Neandertalergenen haben. Von den Neandertalern in Eurasien bzw. den Denisova-Menschen aus dem Altai-Gebirge hätten die Homo Sapiens, die vor ca. 100.000 Jahren aus Afrika eingewandert waren, die helle Hautfarbe und die Neigung zur vorausschauenden Vorratshaltung übernommen.

So erklären wir uns Chinesen zumindest, warum uns die Europäer und deren Abkömmlinge überall in der Welt näher stehen als die meisten anderen Völker der Welt. Was natürlich kein Widerspruch zur These sein darf, dass alle Menschen der Welt Brüder und Schwestern sind. Aber allzu gerne betonen Chinesen auch die kulturellen und geistigen Gemeinsamkeiten mit den Europäern, vor allem auch mit den Deutschen. So haben beide Völker unabhängig voneinander das Porzellan erfunden, wobei die Chinesen natürlich zuerst dran waren.

Starke Partnerschaften

Chinesen schätzen den deutschen Erfindergeist und sind der Meinung, dass wenn ein Volk den Chinesen das Wasser reichen kann, dann die Deutschen. Sie nehmen zur Kenntnis, dass vor den Weltkriegen die meisten Patente der Welt aus Deutschland kamen und auch die Hälfte der Nobelpreisträger. Die deutsche Präzision und der deutsche Fleiß waren Tugenden, in denen Chinesen sich selbst wiederfanden, auch wenn heutzutage im Vergleich zu früher der deutsche Fleiß und die chinesische Liebe zum Detail abgenommen zu haben scheinen und die Deutschen nur noch Weltmeister im Produzieren von Steuerliteratur sind.

Viele Chinesen machen sich aber auch öffentlich Sorgen um die Zukunft Deutschlands. Sie denken, dass man es nach den Schandtaten der Nazis im Zweiten Weltkrieg mit der Umerziehung der Deutschen zu weit getrieben hat, so dass die Deutschen ihre Heimat immer mehr vernachlässigen und sich nicht nur von ihren Nachbarn und EU-Genossen zu sehr ausbeuten lassen, was zur Folge hat, dass Deutschland bald nicht mehr jener wertvolle technische, geistige und wirtschaftliche Motor Europas sein wird, den wir Chinesen so sehr schätzen.

Denn es ist ein Irrtum zu glauben, dass wir Chinesen neidisch wären auf andere erfolgreiche Nationen. Im Gegenteil freuen wir uns, wenn wir uns irgendwo in der Welt noch ein paar Scheiben abschneiden können, denn nur ein prosperierendes und selbstbewusstes Volk ist ein guter Handelspartner, von dem wir profitieren können. Was würde uns ein schwaches und abgewirtschaftetes Deutschland nutzen, das uns nicht mehr mit technischen Erfindungen beglückt und aus dem wir keine Waren importieren können, die unsere eigene Wirtschaft und unseren Lebensstandard voranbringen? Ein armes Land wäre ja höchstens interessant als Absatzmarkt für billige Plastikwaren, und wir Chinesen wollen ja selbst so bald wie möglich weg von der Billigproduktion und hin zu einem Land mit hoher Lebens- und Umweltqualität, das mit anderen produktiven Völkern arbeitsteilig und zu beidseitigem Vorteil zusammenarbeitet, um einen immer besseren Kuchen für die gesamte Menschheit zu backen.

Denn eines haben wir Chinesen gelernt, und das obwohl wir formell Kommunisten sind: Der freie Wettbewerb und die Freiheit, zu wirtschaften, ohne dabei andere zu schädigen, sind die Voraussetzung dafür, dass es allen besser geht. Der Wohlstand der Welt ist keine statische Größe, den es nur gleichermaßen zu verteilen gilt, sondern der Wohlstand der Menschen muss täglich neu erarbeitet werden, und das geht nur durch ständigen Fleiß und Erfindergeist. Wenn man dagegen das Erreichte einfach nur umverteilt, vernichtet man Wohlstand, weil man die Anreize zu einer Verbesserung der

Produktion und somit zu noch besserer Lebensqualität unterbindet. Diese Lektion haben wir Chinesen durch die harten ersten Jahrzehnte des Kommunismus gelernt, während viele Europäer und auch die Amerikaner scheinbar immer mehr vergessen, was die Welt zusammenhält und verbessert, nämlich eine Verbindung aus moralisch fundiertem Kapitalismus und aufrichtig empfundener Solidarität.

In Europa scheint aber leider die Vorstellung zu herrschen, dass der Aufschwung Chinas anderen Nationen etwas wegnimmt. Ein einfaches Beispiel ist die Milch. Da Chinesen immer mehr Milch trinken, steigen die Importe aus Europa, was die Milchpreise zum Beispiel in Deutschland erst einmal höher werden lässt. Daher waren einige deutsche Milchtrinker eine Zeit lang ernsthaft sauer, weil sie in der Presse gelesen hatten, die Chinesen würden den Deutschen die Milch wegtrinken oder diese teurer machen.

Wenn sich aber in der Milchwirtschaft mehr Geld verdienen lässt, wird es auch mehr Investitionen von Milchbauern oder mehr entsprechende Existenzgründungen geben, die die erhöhte Nachfrage befriedigen möchten, und wenn das Angebot höher wird und die Nachfrage gleichbleibt, fallen die Preise wieder. Das Geld, das die Milchbauern mehr verdienen, wandert ja auch in den Wirtschaftskreislauf in Deutschland, so dass im Endeffekt alle von einer erhöhten Nachfrage aus dem Ausland profitieren würden. Das Problem in Deutschland und in der EU ist aber, dass die Landwirtschaft planwirtschaftlich organisiert ist und es für all diese Produkte Quoten, aber auch Subventionen gibt. Auch Existenzneugründungen werden durch eine enorme Agrarbürokratie fast unmöglich gemacht. So muss der deutsche Verbraucher eigentlich die Schuld für die höheren Milchpreise seiner Regierung oder der EU-Regierung geben und nicht den Chinesen.

Europa täte sich selbst und der Welt einen Gefallen, wenn es den freien Handel und freies Unternehmertum nicht behindern würde. Das bedeutet ja keineswegs, dass man Umweltschäden nicht streng nach dem Verursacherprinzip sanktioniert beziehungsweise die sündigenden Firmen für alle nachweisbaren Schäden aufkommen lässt. Da sind wir in China auch noch ein gutes Stück von entfernt, aber wir haben das Problem erkannt und schütten das Kind nicht mit dem Bade aus, wir würgen also nicht den freien Markt ab, um mehr sozialen Ausgleich und mehr Umweltgerechtigkeit zu bekommen.

Auch wir Chinesen haben keine Lust auf Smog, Bergbauunglücke und sozial schwache Wanderarbeiter. Aber oh Wunder, bei all diesen Problemen stehen wir heute schon viel besser da als noch vor zehn Jahren oder gar vor dreißig Jahren, und wenn wir all diese Probleme nicht verabsolutieren wie vielerorts im Westen, dann werden wir auch in Sachen Umwelt und Soziales Europäer und Amerikaner sehr bald überholt haben.

Kapitel 12: Wie die Deutschen die Ausländer sehen

Deutsches Fernweh und chinesisches Heimweh. Deutschlands Platz im Weltkuchen. An Corona soll die Welt genesen. Rassistisches Rasseln.

Deutsches Fernweh und chinesisches Heimweh

Die Deutschen waren schon immer sehr reisefreudig und unternehmenslustig. Im Laufe ihrer Geschichte hatten viele Deutsche das Gefühl, in ihrem Land zu eingeengt zu sein, und wollten daher in die weite Welt hinaus, wie das „Hänschen Klein" in dem berühmten deutschen Kinderlied. Schon die alten Germanen waren Meister der Völkerwanderung: Langobarden etablierten sich in Norditalien, Westgoten in Spanien und Wandalen in Nordafrika. In der Neuzeit gehörten Deutsche wie Alexander von Humboldt zu den genialsten Forschungsreisenden, obwohl Deutschland lange Zeit selbst keine Kolonien hatte und sich später nur für kurze Zeit „einen Platz an der Sonne" in Afrika und Ozeanien sichern konnte.

Auch in China mischten die Deutschen zwischenzeitlich mit und verleibten sich die Hafenstadt Qingdao (Tsingtao) am Gelben Meer als Kolonie ein. Im Gegensatz zu den Briten hatten die Deutschen in China schnell einen relativ guten Ruf, der aber erst einmal verspielt wurde, als 1901 der Boxeraufstand gegen die Kolonialherren auch von den Deutschen unter Kaiser Wilhelm brutal niedergeschlagen wurde. In seiner „Hunnenrede" bezeichnete Kaiser Wilhelm die aufständischen Chinesen damals praktisch als Mongolen, was natürlich ein nur schwer verzeihlicher historischer Fehlgriff war, ähnlich falsch wie wenn die Chinesen die Deutschen damals für Türken gehalten hätten. Der Schuss ging auch deswegen nach hinten los, weil später die Engländer die Deutschen als Hunnen („huns") bezeichneten, was auf Englisch so klingt wie der deutsche Vorname Hans.

Aber das alles ist längst Schnee von gestern, und kein Chinese ist mehr deswegen sauer auf die Deutschen, weil auch diese anno dazumal versuchten, sich ein kleines Stück vom kolonialen Kuchen in China abzuschneiden, so wie es damals halt unter europäischen Staaten so Sitte war. Wir Chinesen hätten es ja genauso gemacht, wenn umgekehrt die Asiaten damals den entsprechenden Entwicklungsvorsprung gegenüber den Europäern gehabt hätten. Wir hätten uns vielleicht Hamburg gesichert, aus dem dann das europäische Hong Kong geworden wäre.

Doch man muss die Geschichte nun mal so nehmen wie sie gelaufen ist und nach vorne schauen. Das hindert uns aber nicht daran, in Qingdao alte deutsche Gebäude liebevoll zu hegen und zu pflegen. Deutsche Häuser aus der Kolonialzeit in Qingdao erzielen astronomisch hohe Preise, und Millionäre, die das nicht bezahlen können, lassen sich so eine deutsche Jugendstil-Villa einfach originalgetreu nachbauen.

Aber es gibt eine Hinterlassenschaft aus der deutschen Kolonialzeit, die überall in China in ganz besonderen Ehren gehalten wird: Die deutsche Brauereikunst. Die von den Deutschen gegründete Tsingtao-Brauerei ist heute immer noch die bedeutendste Brauerei Chinas und produziert immer noch nach deutschem Reinheitsgebot. Das deutsche Bier aus China ist sogar ein Exportschlager, das die meisten

Deutschen inzwischen bestimmt aus ihrem Lieblings-China-Restaurant kennen.

Deutschlands Platz im Weltkuchen

Heute sind die Deutschen Weltmeister im Reisen, und wahrscheinlich gibt kaum ein anderes Volk einen so großen Teil seines Vermögens auf Auslandsreisen aus. Das fing schon mit Goethe an, der mit seiner Italienreise bei allen bildungsbeflissenen Deutschen eine große Sehnsucht nach fremden Ländern auslöste. Und in schwierigen Zeiten, etwa während der Kleinen Eiszeit im Neunzehnten Jahrhundert, hatten Millionen Deutsche kein Problem damit, ihr Land für immer zu verlassen und sich auf anderen Kontinenten niederzulassen.

In den Vereinigten Staaten sind die Deutschen sogar noch vor den Engländern die größte Gruppe, wenn es nach der ursprünglichen Herkunft geht. Sie sind aber auch die Gruppe, die sich am gründlichsten integriert und zügigst die englische Sprache übernommen hat. Angeblich gab es in den USA sogar mal eine Abstimmung über die Amtssprache Amerikas, die nur mit der Stimme eines Deutschstämmigen zugunsten des Englischen entschieden wurde, aber mein Deutschlehrer verwies diese Abstimmung in den Bereich der anekdotenhaften Legenden.

Deutsche sind also historisch gesehen die meiste Zeit über sehr weltoffen gewesen, und gerade diese Weltoffenheit ist zur Zeit des Nationalsozialismus scheinbar in ihr genaues Gegenteil umgeschlagen. Aber selbst damals zog es deutsche Forscher in alle Welt, etwa um Wale im südlichen Polarmeer und Rohstoffe in der Antarktis zu erforschen, oder um Zweige einer arischen Ur-Rasse ausgerechnet in Tibet zu suchen. Vom militärischen Drang, die Welt zu erobern, will ich jetzt gar nicht sprechen, weil ihr Deutschen dieses Thema schon selbst zur Genüge aufgearbeitet habt.

Wenn allerdings in Deutschland extreme Weltoffenheit so schnell in extremen Nationalismus umschlagen kann, dann ist heute Vorsicht geboten: Nie war der Hang der Deutschen, die ganze Welt nicht nur zu umarmen, sondern sie sich sogar in die eigene Heimat zu holen, so groß wie in unseren Zeiten. Nicht dass aus dem Teddybärenwerfer und „Wir haben Platz"-Rufer von heute im Halsumdrehen der Raketenwerfer und „Unser Platz an der Sonne"-Schreier von morgen wird! Aber Scherz beiseite, der Zug zur deutschen Weltherrschaft ist endgültig abgefahren beziehungsweise auf dem Abstellgleis gelandet. Genau wie der Transrapid in Deutschland, den ja wie so vieles andere auch der Deutsche zwar erfunden, der Chinese aber gebaut hat.

Die moderne Weltoffenheit des Deutschen braucht aber nicht den Umweg über einen neuen Nationalismus, um zum Untergang Deutschlands als Nation zu führen. Bei dem Tempo, wie Deutschland sich selbst als Volk aufgibt, dauert es nur noch ein paar Jahrzehnte, bis es ganz automatisch soweit ist. Das mögen die Deutschen und vielleicht auch die Briten und Franzosen irgendwie gut finden, wir Chinesen fänden das größtenteils schade. Genauso wie der Deutsche es auch irgendwie schade fände, wenn es morgen keine Japaner mehr geben würde, die in Shinto-Tempeln beten, Sushi essen und Sumo kämpfen, sondern wenn stattdessen die japanischen Inseln bald mehrheitlich von Syrern, Türken und Afghanen und ihren Kulturen geprägt werden würden.

Ich habe jetzt Japaner als Beispiel gewählt, weil die Deutschen die Japaner, so mein Eindruck, irgendwie noch einen Tick lieber haben als uns Chinesen, und das trotz der Niederlage der deutschen Mannschaft im Vorrundenspiel 2022 in Katar. Aber das kann man Euch Deutschen auch nicht verdenken, denn ihr und die Japaner, ihr wart ja mal Waffenbrüder, und im Vergleich zu den Italienern haben die Japaner Euch damals sehr viel mehr Arbeit abgenommen. Aber die Chinesen sind in Deutschland dennoch ziemlich hoch angesehen. Einige der hervorragendsten Sinologen waren und sind Deutsche. Und Deutsche wie John Rabe haben uns Chinesen im Zweiten Weltkrieg sogar gegen die faschistischen japanischen Besatzer geholfen.

In letzter Zeit sind aber einige Deutsche etwas misstrauisch geworden, weil sie nicht wissen, ob der Chinese jetzt Kommunist oder Kapitalist ist und weil er jetzt viel mehr CO2 ausstößt als unter Maos Zeiten. Damals, als die Chinesen noch massenhaft Fahrrad fuhren und nur verdiente Funktionäre sich ein Auto leisten konnten, wären sie wohl viel eher nach dem Geschmack der Friday-For-Future-Querdenker gewesen. Die fortschrittlichen deutschen Linken in den sechziger und siebziger Jahren hatten fast alle eine Mao-Bibel in der Hosentasche und schnitten sich teilweise sogar die Haare wie der Große Führer. Damals übersetzte man den chinesischen Ehrenbeinamen von Mao lieber mit „Steuermann", weil das im Deutschen irgendwie besser und linker klang als das verbrannte Wort „Führer". Komischerweise hat man beim nordkoreanischen Diktator Kim Jong Un kein Problem damit, ihn auch im Deutschen korrekterweise mit „Großer Führer" zu übersetzen. Wahrscheinlich weil bei der Kim-Dynastie die ästhetischen Parallelen zwischen Nationalsozialismus und Kommunismus allzu frappierend sind, als dass man sie mit schönrednerischen Übersetzungen vertuschen könnte.

An Corona soll die Welt genesen

Im Zuge der Corona-Pandemie wird China sogar noch etwas misstrauischer beäugt. Viele Europäer und Amerikaner glauben, dass die chinesische KP das Virus extra gezüchtet habe, dann einen Fake-Ausbruch in Wuhan inszeniert und anschließen Covid 19 in der Welt verbreitet habe, um die Weltwirtschaft zu zerstören und chinesische Marktanteile auszubauen. Also das wäre meiner Meinung nach eine sehr dämliche Strategie, denn der Welthandel blüht am meisten, wenn alle Seiten stark im Nehmen und Geben sind. Was nützt uns Chinesen eine weltweite Depression, wenn die Menschen kein Geld mehr haben, unsere Waren zu kaufen? Und wir Chinesen wollen auch deshalb starke Partner, damit auch in Zukunft überall in der Welt tolle Produkte hergestellt werden, die wir chinesischen Konsumenten dann kaufen können.

Aber genau dieses Denken, dass nämlich der Wohlstand eines Landes wie auf einer Waagschale die Armut eines anderen Landes bedingt, ist typisch für altmodische Linke im Westen, die leider völlige Wirtschafts-Legastheniker sind. Die chinesischen Linken haben seit Deng Xiaopings Reformen diesen Denkfehler längst korrigiert und überwunden und sind genau deswegen so erfolgreich. Es wäre schön, wenn sich wenigstens andere linke Länder der Welt wie Venezuela oder Kuba ein Beispiel daran nehmen könnten, statt weiterhin der altlinken Vorstellung anzuhängen, dass der wirtschaftliche Weltkuchen eine feste Größe ist, die nur gerecht verteilt werden muss, damit das soziale Paradies auf Erden entsteht.

Dabei ist es doch genau andersrum: Der Weltkuchen muss, natürlich unter Berücksichtigung von ehrlichem Umweltschutz und aufrichtigen Menschenrechten, von allen zusammen immer größer und qualitativ besser gedacht und gebacken werden, damit auch für die nicht so guten Köche genug abfällt. Sogar das ehemalige kommunistische Musterland Sowjetunion hat das erfahren und ist als Russland unter Putin von altlinken Vorstellungen abgerückt.

Dass die Russen dabei nicht ganz so erfolgreich sind wie die Chinesen und sich lieber in militärische Abenteuer stürzen, macht sie aber bei deutschen Linken nicht unsympathisch. So sehen viele Wähler der deutschen „Linkspartei" Russland immer noch als natürlichen Verbündeten, so als sei dieses Land immer noch die gute alte sozialistische Sowjetunion. Aber man muss als Chinese auch nicht alles verstehen, denn das deutsche Geflecht aus Polit-Memen ist oft sehr komplex und widersprüchlich.

In den letzten Jahren ist das Phänomen der in den USA entstandenen Wokeness auch in Deutschland auf sehr fruchtbaren Boden gefallen. Wokeness bedeutet ungefähr so etwas wie eine übersteigerte Wachsamkeit, wonach man ständig aufpassen muss, nicht irgendeiner tatsächlichen oder selbsternannten Minderheit auf den Schlips zu treten. Das geht sogar so weit, dass es nun als rassistisch gilt, wenn man als Deutscher einem Ausländer sagt, dass er aber gut Deutsch spreche, oder ihn fragt, woher er denn komme.

Rassistisches Rasseln

Anfangs waren vor allem Schwarze Opfer dieser Wokeness. Auf der Straße vor unserer Sprachschule ging fast täglich ein geistig verwirrter Afrikaner vorbei, der eine Rassel schwang und dabei laut fluchte. Die meisten Passanten schienen ihn zu kennen, jedenfalls schienen sie keine Angst vor ihm zu haben und wechselten auch nicht die Straßenseite. Meine Kurskameradin aus Kenia war immer sehr kreativ darin, den verschiedenen und regelmäßig auftauchenden Typen auf der Straße einen treffenden Namen zu verpassen. So nannte sie einen großgewachsenen, weißhaarigen und Selbstgespräche führenden Alkoholiker den „Weißen Riesen", nach einem gleichnamigen Waschmittel. Und den verrückten Schwarzen ernannte sie, obwohl sie selbst pechschwarz war, zum „Rasselneger".

Man muss aber wissen, und das hat unser Deutschlehrer uns bei dieser Gelegenheit beigebracht, dass nur Schwarze andere Schwarze „Neger" nennen dürfen, ein Weißer oder mit Abstrichen auch ein Gelber darf das nicht, auch nicht zum Spaß, denn dann wäre es verachtenswerter Rassismus, bei dem der Angesprochene zurecht beleidigt wäre. Es war irgendwann im Mai des Jahres 2020, als in Amerika der Schwarze George Floyd das tragische Opfer eines übergriffigen Polizisten wurde. Aus Solidarität zu Floyd war es für kurze Zeit in westlichen Ländern Mode, sich so hinzuknien wie jener Polizist, der den Hals von Floyd mit einem Kniegriff fixiert hatte.

Als wir einmal in der Pause aus unserem Kursraum hinunter auf die Straße blickten, sahen wir den „Rasselneger" seines gewohnten Weges gehen. Ihm entgegen kam eine Gruppe von drei weiblichen Teenagern, die gerade von einer kleinen Fridays-For-Future-Demo zurückkehrten. Als sie des schwarzen Mannes angesichtig wurden, knieten sie wie auf Kommando geschlossen vor ihm nieder, wahrscheinlich um sich ganz kritisch für ihr Weißsein zu entschuldigen und um sich selbst das erhebende Erlebnis zu verschaffen, eine moralisch angesagte und tugendhafte Geste im Einklang mit dem herrschenden Zeitgeist vollführt zu haben. Der so zum Objekt eines woken Ablass-Aktes degradierte Schwarze schien zunächst etwas verdattert. Er rasselte ein wenig, zog es aber dann vor, laut fluchend die Straßenseite zu wechseln und die drei Gretatistinnen möglichst rasch hinter sich zu lassen.

Kapitel 13: Interkulturelle Aneignungen

Gelbe Töne und kulturelle Aneignung. Konservative Deutsche und chinesische Werte. Linke Deutsche und interkulturelle Zuneigung. Exorzismus mit Heydrich. Hundert deutsche Blümelein. Völker, hört auf die Statistiken!

Gelbe Töne und kulturelle Aneignung

Inzwischen ist die Wokeness-Welle so weit gediehen, dass nicht nur Schwarze, sondern auch Asiaten auf Teufel komm raus berücksichtigt werden, wenn es um die Befriedigung politisch korrekter weißer Bedürfnisse geht. So gilt es nun als diskriminierend, wenn etwa ein Fußballmoderator Japan als das „Land der Sushis" bezeichnet. Jörg Dahlmann, so hieß der Mann, wurde wegen dieses Spruches allen Ernstes wegen Rassismus gefeuert. Dabei kann ich mir beim besten Willen nicht vorstellen, dass irgendein Vertreter dieses stolzen und selbstbewussten japanischen Volkes auch nur das geringste Problem damit hätte, wenn Japan als „Land der Sushis", „Land des Judos" oder „Land der Nintendos" bezeichnet wird. Genau so wenig wie kein echter Chinese beleidigt wäre, wenn jemand China das „Land der Frühlingsrollen" nennen würde. Es wäre für jeden Chinesen, zumindest wenn er nicht im hochsensiblen Westen sozialisiert wurde, eine hochgradig abstruse und lächerliche Vorstellung, deswegen zu schmollen oder sich gar als Opfer einer rassistischen Mikroaggression zu wähnen.

Dann gab es einen Fall, wo ein deutscher Satiriker namens Martin Sonneborn heftig kritisiert wurde, nachdem er scherzhaft darauf angespielt hatte, dass Chinesen kein R aussprechen können. Also ich als Chinesin möchte es mir strengstens verbitten, dass man mir unterstellt, ich sei so krankhaft empfindlich, dass ich mich rassistisch beleidigt fühle, wenn jemand eine Bemerkung über die Phonetik meiner Muttersprache macht, egal ob diese Bemerkung richtig oder falsch ist!

Es gibt übrigens im Chinesischen durchaus eine Art R, das so ähnlich wie das amerikanische R in "car" oder auch wie ein J wie im Französischen Satz "je t'aime" ausgesprochen wird. Wären Deutsche eigentlich beleidigt, wenn man behauptet, es gäbe in der deutschen Sprache keine Töne wie im Chinesischen? Nein, aber offenbar unterstellen einige Deutsche anderen Völkern gerne, sensibler und somit gefühlsmäßig minderbemittelter zu sein, wenn man eine solch übersteigerte Rücksicht für notwendig hält.

Abgesehen davon: Wie mein Deutschlehrer uns beibrachte, gibt es auch im Deutschen durchaus bedeutungsunterscheidende Töne zum Beispiel beim Wort "ja". "já" (mit einem langsam nach oben steigenden Ton) ist keine Bejahung, sondern ein Signal für die Bereitschaft, sich einer Ansprache zu stellen oder am Telefon Hörbereitschaft zu bekunden. "jă" (eine fallender und wieder steigender Ton) ist eine abwägende Zustimmung und "jà" (deutlich von oben nach unten fallender Ton) ist eine starke Zustimmung. "Jā" (auf einer hohen Tonebene länger anhaltend) drückt Zweifel aus und "ja" (ein kurzes unbetontes a) ist eine Modalpartikel, die die Einstellung des Sprechenden zum Inhalt der Aussage ausdrückt, je nach Kontext Überraschung, Nachdruck oder Vorwurf, wie etwa in "das ist ja voll rassistisch" oder "ich hab dir ja gesagt".

Viele Deutsche halten sich zwar für sehr weltoffen und tolerant, können sich aber gar nicht vorstellen, dass sie zum Beispiel eine schlechtere Englisch-Aussprache haben könnten als ein gut ausgebildeter Chinese. Ihnen ist nicht bewusst, dass englische Muttersprachler einen normalen Deutschen sofort anhand seines Akzents erkennen können. Das liegt vor allem an der Auslautverhärtung im Deutschen.

Einige Deutsche schreiben zum Beispiel „ihr seid" manchmal falsch als „ihr seit", was daran liegt, dass „seid" und „seit" genau gleich ausgesprochen werden, nämlich am Ende einer Silbe wie ein T. Für das englische Wort für Hund sagt er deshalb „dok" statt „dog", während das G beim Engländer auch wie ein G auszusprechen ist, also ohne Verhärtung im Silbenauslaut.

Natürlich würde es einem Chinesen nie in den Sinn kommen, einen Deutschen auf Fehler in der englischen Aussprache aufmerksam zu machen, denn als Chinese kann man sich denken, was der Deutsche davon halten würde: „Lustig, dass dieser Chinese meint, besser Englisch zu können als ich, obwohl ich als Deutscher ja eigentlich der nächste Verwandte der Engländer bin und deswegen im Vergleich zum Chinesen der geborene Englischsprecher bin." Aber so kann man sich irren, sogar wenn man ein total weltoffener und megatoleranter Deutscher ist.

Konservative Deutsche und chinesische Werte

Übrigens habe ich die Erfahrung gemacht, dass konservative und rechte Deutsche viel größere Sympathien gegenüber Asiaten haben als linksgrüne Deutsche. Vielleicht liegt das daran, dass die als typisch asiatisch (streng genommen ostasiatisch) geltenden Werte wie Fleiß, Traditionsbewusstsein oder Verehrung der Familie den konservativen Deutschen viel vertrauter sind als den progressiven Deutschen. Deswegen sind es oft auch eher konservative Deutsche, die eine Chinesin oder Japanerin heiraten. Die Kinder aus solchen Ehen werden dann besonders sorgfältig und streng erzogen, kennen sich dann aber in beiden Welten sehr gut aus und sind ideale Vermittler zwischen den Kulturen.

Chinesische Kinder, die einen deutschen Bärenpapi und eine chinesische Tigermami haben, sind nach meiner Beobachtung praktisch auch dazu prädestiniert, bei „Jugend musiziert" die ersten Plätze abzuräumen. Das konnte ich bei einem Konzert beobachten, bei dem junge Klavierschülerinnen und Klavierschüler eines angesehenen russischen Pianolehrers in Bonn vorspielten. Etwa ein Drittel der Kinder waren Asiaten, ein weiteres Drittel kam aus asiatisch-deutschen Ehen und hörte auf Namen wie Eva-Jinghui Schmitz, ein Sechstel waren Kinder aus dem russisch beeinflussten Raum von der Ukraine bis nach Usbekistan und auch nur ein weiteres Sechstel bestand aus Biodeutschen, die aber bis auf wenige Ausnahmen nicht auf den ersten Plätzen der Musikwettbewerbe landeten.

Jedenfalls spielen die asiatischen Kinder nicht nur in Deutschland sondern natürlich auch in Asien selbst Stücke von Bach, Mozart oder Beethoven mit einer Selbstverständlichkeit, als hätten sie die deutsche Kultur mit der Muttermilch aufgesogen. In anderen Zusammenhängen würde so etwas heutzutage als „kulturelle Aneignung" gebrandmarkt. Da gilt es als rassistisch oder zumindest wenig feinfühlig, wenn man sich zu Karneval als Chinese oder Indianer verkleidet oder wenn man mit heller Pigmentierung einen afrikanischen Trommelkurs besucht.

Linke Deutsche und interkulturelle Aneignung

Etwas Absurderes als dieses neumodische Tabu von der kulturellen Aneignung habe ich bei den westlichen Linken noch nicht erlebt. Nach dieser Denkweise hat man nicht das Recht, Bräuche oder Errungenschaften anderer Völker nachzumachen oder zu nutzen. Wenn man das konsequent zu Ende denkt, dann dürfte kein Volk der Welt außerhalb Chinas mehr Papier oder Porzellan benutzen, weil es ja die Chinesen zuerst erfunden haben. Und auch dürfte kaum ein Volk der Welt auf die Segnungen der modernen Medizin zurückgreifen, die auf Erfindungen von Europäern wie Robert Koch, Alexander Fleming oder Antoni van Leeuwenhoek basieren, und alle Elektrizitätswerke der Welt außerhalb von Gospić im heutigen Kroatien müssten ihren Betrieb einstellen, da dort Nikola Tesla geboren wurde, der Erfinder des Wechselstroms.

Früher war es unter richtigen Linken Konsens, dass alle technischen und kulturellen Errungenschaften aller Menschen der Welt auch allen Menschen der Welt gehören und nicht nur irgendeiner Gruppe, die neuerdings ihre eigene Identität entdeckt hat und diese hermetisch gegenüber anderen Gruppen abriegeln will. Aber vielleicht entsteht ja aus solch abenteuerlichen Gedankenverirrungen westlicher Denker irgendwann etwas Gutes und Konstruktives, so wie auch der Weltgeist in der Dialektik des deutschen Denkriesen Hegel aus einer abstrusen These und einer noch abstruseren Antithese eine harmonische und wohlstandbringende Synthese entstehen lässt. Oder so ähnlich.

Was aber bei den neuen Linken als progressive Identitätspolitik gilt, wäre aus linker Perspektive verabscheuungswürdig und faschistisch, wenn nicht Linke, sondern Rechte das Gleiche propagieren würden. So gibt es einige deutsche Burschenschaften, die es als kulturelle Aneignung verstehen würden, wenn Ausländer sich als deutsche Burschenschaftler verkleiden oder gar Mitglied einer traditionellen deutschen Burschenschaft sein wollen. Entsprechend pochen sie auf ihre eigene Identität und grenzen sich anhand kultureller und ethnischer Kriterien nach Außen ab. So gab es mal im Jahre 2011 eine Diskussion in einem ultrakonservativen deutschen Burschenschaftsverband, wonach zum Beispiel ein Chinese kein Mitglied sein könne. Die Debatte war entbrannt, weil ein chinesischstämmiger Bursche vollwertiges Mitglied in einer Mannheimer Burschenschaft war.

Ich kann dazu nur sagen: Jeder private Verein sollte selbst bestimmen können, wen er nach welchen Kriterien aufnimmt und wen nicht. Bestimmt nimmt auch nicht jedes chinesische Kungfu-Kloster einen Langnasen auf, selbst wenn er Professor der Sinologie sein und perfekt Chinesisch sprechen sollte. Genau wie ein Club afrikastämmiger lesbischer Frauen keine weiße Hetero-Frau und erst recht keinen Herero-Mann aufnehmen muss, sollte auch ein Club deutschstämmiger Cis-Männer nicht dazu gezwungen werden, einen schon optisch als nichtdeutschen identifizierbaren Mann aufzunehmen und erst recht keine Frau.

Genau das sind ja die Errungenschaften der Aufklärung, der Demokratie und der Zivilisation, egal ob rechts oder links angestrichen, dass nämlich jedes Tierchen sein Pläsierchen ausüben darf und sich seine Gesellschaft aus freien Stücken oder per freier Satzung selbst aussucht. Dass das alles jetzt wieder rückgängig gemacht werden soll, wird den Westen destabilisieren und nachhaltig schwächen. Dabei kann der Westen froh sein, wenn China in diese Lücke springt und nicht etwa Vertreter einer Ideologie aus einer anderen Weltregion, bei der man nur eine einzige Identität gelten lässt.

Jetzt werden einige meiner weltoffenen Leser vielleicht einwenden, dass ja auch die Chinesen andere Kulturen unterdrücken und etwa Taiwan oder Hongkong nicht unabhängig sein lassen wollen, geschweige denn die Tibeter oder Uiguren. Was Hongkong angeht, so hat China immerhin über hundert Jahre lang brav gewartet, bis der Pachtvertrag mit Großbritannien ausgelaufen war, und hat sich selbst dann noch nicht Hongkong vollständig eingegliedert. Im Gegensatz dazu haben die Russen nicht so lange gefackelt, als es um die Krim ging.

Auch die ach so freiheitlichen USA würden es wohl kaum zulassen, wenn Alaska, Texas, South Dakota oder New Hampshire plötzlich unabhängig werden wollten. Die Regierung der USA hatte ja schon Mitte des 19. Jahrhunderts ein Exempel statuiert, wie man mit abtrünnigen Bundesstaaten umgeht. Deutschland ist vielleicht das einzige Land der Welt, das Gebietsverluste für alle Ewigkeit als gerechte Strafe hinnimmt und abhakt.

Aber stellen Sie sich vor, Bayern oder Sachsen würden grundgesetzwidrigerweise ihre Unabhängigkeit erklären.

Das würde sich Berlin auch nicht einfach so gefallen lassen. Oder aber ein paar Reichsbürger zetteln einen Aufstand an, werden besiegt und fliehen dann nach Rügen, um dort eine neue Republik auszurufen. Wie viele Jahre lang würde die BRD wohl warten, bis sie Rügen zurückerobert und aus den Händen der Reichsbürger befreit? Und würde die BRD Ländern wohlgesinnt sein, die das Reich Rügen als unabhängigen Staat anerkennen? Und was wäre, wenn die Bewohner des Bonner Stadtbezirks Bad Godesberg auf einmal nicht nach dem Grundgesetz, sondern nach der Scharia leben wollten?

Ich gebe zu, Vergleiche hinken immer, denn sonst wären sie ja auch keine Vergleiche, sondern Gleichsetzungen. Wenn Shakespeare seine Flamme mit einem Sommertag oder einer Blume vergleicht, behauptet er ja auch nicht, seine Süße hätte einen Stängel, es sei denn, sie wäre ein holdes Transgender-Wesen.

Aber was ich mit den Vergleichen weiter oben sagen wollte: Bevor man mit dem mahnenden Finger auf China zeigt, sollte man mal durchspielen, wie man eine ähnliche Situation im eigenen Land beurteilen würde. Ganz unabhängig davon, wie man generell dazu steht, ob eine Gruppe von Menschen, die geschlossen der Meinung ist, eine andere Identität zu haben, das Recht dazu hat, ein bestimmtes Territorium vom Mutterland zu lösen und für unabhängig zu erklären.

Darauf gibt es keine einfache Antwort, aber Deutsche, vor allem auch deutsche Journalisten, nehmen oft einen eindeutigen moralischen Standpunkt ein, wenn es ums Ausland geht, was man auch bei der Fußball-WM in Katar gesehen hat, als die deutschen Spieler genötigt wurden, eine politische Geste für die Menschenrechte vorzuführen. Meinungsbildende Deutsche haben ein massives allgemeines Problembewusstsein, was dazu führt, dass sie vor lauter Problemen den Wald nicht sehen und sich daher gar nicht auf die wichtigen Dinge konzentrieren können.

Das wichtigste Ziel der Menschheit sollte ja eigentlich „Wohlstand für alle" sein. Aber für den problembewussten Westler scheint das Hauptziel zu sein, den „Planeten zu retten", womit sie nicht die Menschen auf diesem Planeten, sondern die Weltkugel selbst meinen. Sie sind nicht für Klimaschutz, Artenschutz und Naturschutz, damit der Mensch sich an schönem Wetter, vielfältigen Tieren und einem sauerstoffspendenden Wald erfreut, sondern sie wollen das Klima, die Arten und die Natur um ihrer selbst willen schützen. Im Grund genommen ist das, auch wenn ich mich wiederhole, eine menschenfeindliche Einstellung, die mitunter auch dazu führt, dass man sich menschenfeindliche Vorstellungen zueigen macht.

Das drückt sich oft auch in der Kultur- und Musikszene aus, selbst beim schnödesten modernen deutschen Liedgut. So singt Max Giesinger in „Wenn sie tanzt" von einer Frau, die tragischerweise an ihrer Selbstverwirklichung gehindert wurde, weil sie Kinder großziehen musste. Die unterschwellige Nachricht lautet, dass es total ungerecht und irgendwie eine böse Verschwörung der Natur sei, dass Frauen Kinder kriegen und dann nicht mehr genug Zeit zum Tanzen oder andere Lebensfreuden hätten. Rein biologisch schafft sich eine Gesellschaft, in der eine solche mutterschaftsfeindliche Einstellung von der Mehrheit der Mitglieder geteilt wird, in kurzer Zeit ab. Dass man im Gegensatz dazu auch eine positive und liebevolle Einstellung zur Mutterschaft durch Popmusik rüberbringen kann, beweist das Lied „Baby" der britischen Gruppe Clean Bandit.

Ich komme noch mal zurück zum Phänomen „kulturelle Aneignung". Das ist ja normalerweise nur dann eine Sünde, wenn der sich Aneignende zur weißen Rasse gehört. Ich sage jetzt provokativ Rasse, weil es genau darauf hinausläuft. Ein Schwarzer darf sich die Haut bleichen und die Haare glätten, das ist völlig in Ordnung. Umgekehrt ist es mittlerweile ein rassistisches Hassverbrechen, wenn ein Weißer sich im Afro-Look präsentiert oder sich braun anmalt. Und genau weil man hier peinlich genau unterscheidet, kommt man nicht umhin, als Maßstab für Sünde oder Nichtsünde die Rasse ins Spiel zu bringen. Denn sonst könnte man ja als Kritisierender gar nicht zwischen Weiß und Schwarz unterscheiden und folglich diskriminieren, also ein und denselben Sachverhalt bei einer Rasse als Sünde und bei der anderen Rasse als zulässige Mode einordnen.

Es gibt aber auch ein paar wenige Ausnahmen, bei der auch nichtweiße Rassen nach gängiger Woke-Meinung keine kulturelle Aneignung vornehmen sollten. Nämlich wenn es sich um Nazis und deren Symbole handelt. Auch ein Chinese verstößt aus der Sicht eines aufgeklärten Deutschen gegen den guten Ton, wenn er mit der Ästhetik des Faschismus kokettiert, egal aus welcher Motivation heraus, auch wenn er es nur scherzhaft meint. Da versteht der Deutsche keinen Spaß.

Wenn irgendwo in einer asiatischen Metropole ein Restaurant aufmacht, wo die Kellner als Hitler verkleidet oder mit

Nazi-Armbinden bedienen und dabei mit steifem Arm grü-
ßen, interveniert das Auswärtige Amt oder die deutsche Bot-
schaft, ob in Seoul, Bangkok oder Mumbai. Die Gefühlslage
ist dann ungefähr so: „Das geht aber gar nicht, dass ihr unseren Hitler missbraucht, um Kunden anzulocken. Wisst ihr
nicht, dass ihr damit uns, unsere Vergangenheitsbewältigung und unsere Erinnerungskultur beleidigt?" Hitler in der
Werbung zu benutzen ist für Deutsche ähnlich pikierend wie
es für einen gläubigen Muslim wäre, wenn der Prophet Opfer
einer Karikatur werden würde.

Exorzismus mit Heydrich

Eine in Deutschland lebende chinesische Freundin erzählte
mir, wie ihre Mutter, eine Restaurantbesitzerin, sich einmal
einen deutschen Schäferhund zulegte. Als Namen für ihren
Hund wählte sie „Heydrich", nachdem sie auf ZDF Info eine
Dokumentation über den grausamen SS-Führer Reinhard
Heydrich gesehen hatte.

Der Name passt doch gut zu meinem Schäferhund, der unseren kleinen Garten verbissen gegen Einbrecher verteidigen soll. Dachte sie zumindest, aber sie hatte die Rechnung ohne ihre Nachbarin gemacht. Immer wenn sie das Tier draußen zu einem guten Wachhund dressieren wollte und deutsche Befehle rief wie „Heydrich, fass!" oder „Fein gemacht, Heydrich!", schüttelte die Nachbarin mit dem schönen Bio-Kräutergarten verständnislos den Kopf, bis es ihr eines Tages zu viel und zu braun wurde und sie ihre Nachbarin zur Rede stellte:

„Frau Wang, das habe ich mir jetzt wochenlang anhören müssen, aber ständig diese Heydrich-Rufe, das geht zu weit. Das arme Tier! Da hätten sie ihn ja gleich Hitler nennen können. In Deutschland ist so etwas tabu, das können Sie nicht machen. Also ich finde, Heydrich war ein Nazi, nach dem darf man einfach keinen wehrlosen Hund benennen!" Heydrichs Frauchen war zwar überrascht, gab aber klein bei, denn als gute und harmonieversessene Asiatin wollte sie es sich nicht mit ihrer schon länger hier lebenden Nachbarin verscherzen, zumal diese gerne mal vorbeischaute, wenn es Jiaozi oder Pekingente gab. Kurzerhand taufte sie den Schäferhund um, der sich allerdings erst einmal daran gewöhnen musste, nicht mehr auf den Namen Heydrich, sondern auf den harmlosen Pinscher-Namen Kiki anzuspringen.

Als Ausländer kann man also ganz schnell in ein großes Fettnäpfchen treten, wenn man den Deutschen bei ihrer Verarbeitung des Dritten Reiches in die Quere kommt. Bei diesen Ritualen stört man sie lieber nicht, vor allem nicht mit Humor, indem man zum Beispiel einen Hund nach einem Nazi benennt. Obwohl man wahrscheinlich im Dritten Reich direkt im Lager gelandet wäre, wenn man seinen kleinen Dackel

„Göbbels" oder seine Bulldogge „Göring" genannt hätte. Aber die Austreibung des Nationalsozialismus muss man einfach den deutschen Experten überlassen, denn nur die wissen, mit welchen exorzistischen Superwaffen man die braunen Geister vertreibt.

Man darf sich zum Beispiel bei der Wahl der Beschimpfungen des Nationalsozialismus auf keinen Fall mit minderwertigen Kleinwaffen begnügen, ihn zum Beispiel nur als „Vogelschiss" bezeichnen. Wahrscheinlich würde auch die Floskel „der größte Vogelschiss aller Zeiten" nicht ausreichen. Wer als Deutscher nur halbherzige Schmähwörter wählt, gilt schnell selbst als ein Nazi, auch wenn jemand unter Hitler eine sehr geringe Lebenserwartung gehabt hätte, wenn er von einem Gestapo-Spitzel dabei belauscht worden wäre, wie er die gerade herrschende Staatsdoktrin mit den Ausscheidungen eines Federviehs in Verbindung gebracht oder wenn er gar Hitler als Zwerg verunglimpft hätte. Frau Wang hatte zuhause nämlich auch eine Zwerg-Skulptur des österreichischen Künstlers Ottmar Hörl mit ausgestrecktem rechtem Arm stehen. Nach dem Zwischenfall mit Heydrich verlegte sie den Zwerg aber vorsorglich vom Wohnzimmer ins Schlafzimmer.

Hundert deutsche Blümelein

Meine Freundin machte mich noch auf eine andere Landsmännin aufmerksam, die ebenfalls in einen interkulturellen Fettnapf getreten war, indem sie unabsichtlich die deutsche Vergangenheitsbewältigung besudelte. Sie schmetterte etwas unbeholfen ein deutsches Marschlied, in dem ein Mädchen namens Erika besungen wird. Als sie aber ihre Karaoke-Version auf Youtube postete, erntete sie einen kleinen Shitstorm in ihrem deutschen Bekanntenkreis.

Die fanden es unendlich peinlich, dass eine Chinesin sich erdreistete, naiverweise ein Lied nachzusingen, das in den 30er Jahren komponiert worden und dazu noch in typischer Fascho-Manier mit Marschrhythmen unterlegt war. Sie löschte es aber nicht, weil sie vor allem unter englischsprachigen Youtube-Nutzern sehr viele wohlwollende Klicks bekam. Die fanden ihre Performance unheimlich süß und machten allenfalls ironische und von rassischer Unkenntnis geprägte Kommentare darüber, dass „Japaner und Deutsche" mal wieder zusammenarbeiten würden.

Die Sympathie der Deutschen zu den Chinesen findet auch dort eine Grenze, wo es um Tiere geht. Chinesen gelten bei den Deutschen nicht nur als Milch-Wegtrinker, sondern auch als Allesfresser. Fast jeder Deutsche kennt über ein paar Ecken einen China-Reisenden, der auf einem Tiermarkt ein Kätzchen freikaufen wollte, um es vor dem Grill zu retten. Nachdem der besagte deutsche Tourist auf eine Katze gezeigt hatte, nahm der Verkäufer das Tier aus dem Käfig, drehte ihm blitzschnell und krachend den Hals um und steckte es in eine Plastiktüte, um es dem Käufer zu übergeben, der aber einen Schreianfall bekam, anstatt das Geld herauszurücken.

Diese „urban legend" hat, da lege ich meine Hand für in den Käfig, niemals stattgefunden, sondern ist von irgendeinem Reisenden in die Welt gesetzt worden, der sich wichtigmachen wollte, weil er bei seiner Pauschalreise zur Großen

Mauer zu wenig erlebt hatte und daher bei seinen Freunden daheim etwas Touristenlatein verbreitete.

Auch bei Deutschen, die gerne ins China-Restaurant gehen, muss die Liebe zu China mitunter zurückstecken, wenn es um die Tierliebe geht. In Bonn gibt es ein nettes China-Restaurant auf einem Schiff, das am Rheinufer verankert ist. Ein Besuchermagnet ist dort unter anderem ein schönes 3000-Liter-Aquarium mit prächtigen Kois, die teilweise schon Jahrzehnte alt sind.

Eine besonders aufmerksame und tierrechtlich sattelfeste Gästin rechnete aber offenbar genau nach und kam zum Ergebnis, dass nach irgendeiner Verordnung das Aquarium zu klein und somit nicht artgerecht genug für die Fische sei. Wochenlang beschäftigten sich die Bonner Behörden mit dem Fall, aber es solidarisierten sich so viele Bürger mit dem Restaurant-Besitzer, dass schließlich entschieden wurde, dass er seine Kois doch behalten durfte.

Es wäre indes nicht fair, Deutschen pauschal zu unterstellen, bei ihnen gehe das Tierwohl über das Menschenwohl. Nein, in der deutschen Presse macht man sich durchaus auch Sorgen um die chinesischen Schulkinder, die angeblich allesamt täglich nach zehn Schulstunden und vier Stunden Nachhilfe-Institut und zwei Stunden Klavier so erschöpft seien, dass sie die drei Stunden Hausaufgaben nur noch mit Mühe schafften und das auch nur, weil sie sonst Prügel und Demütigungen zu befürchten hätten.

Es ist natürlich richtig, dass Schülern in China mehr abverlangt wird als in Europa und dass sie disziplinierter und strebsamer sind. Aber dass ihnen in der Schule die Kindheit gestohlen wird, ist arg übertrieben. Was in Deutschland niemand mitbekommen hat, ist die Tatsache, dass Prügel und Demütigungen von Schülern in China per Gesetz verboten sind. Es mag sein, dass einem strengen Lehrer bei einem sehr frechen Schüler mal die Hand ausrutscht, aber das soll es auch in Europa geben. Auch sind längst nicht alle chinesischen Schulkinder gehorsame Robocops, die außer Schule, Mathe und Geige keine Hobbys haben.

Es gibt eine riesige chinesische Gamer-Szene und außerdem sämtliche Subkulturen, die es auch im Westen gibt. So gibt es Schüler, die sich zum Entsetzen ihrer Eltern und Lehrer die Haare lang wachsen lassen, sich wie eine Leiche anmalen und auf Kleinbühnen brutale Grölgeräusche mit ultraharter E-Gitarren-Untermalung darbieten. Black Metal nennt sich diese Szene, deren berühmtester chinesische Vertreter die Band „Be Persecuted" ist. Wuhan ist übrigens ein Hotspot des chinesischen Gangsta-Rap, und wenn man mal in unsere abtrünnige Provinz Taiwan schaut, dann entdeckt man die Rockgruppe Chthonic, die es leider nicht lassen kann, in ihren Musikvideos mit faschistischer Kuomintang-Ästhetik zu spielen.

Wahr ist aber auch, dass in China auch Jugendliche streng bestraft werden, die stehlen, betrügen oder Sachbeschädigungen begehen und Graffitis sprühen. Die Bahnhöfe und Unterführungen und andere öffentliche, also dem Volk gehörende, Einrichtungen zu beschädigen, gilt in China nicht als Jugendsünde oder Kavaliersdelikt, sondern als eine krasse Straftat, wofür sich die Eltern in aller Regel in Grund und Boden schämen, egal ob man ein unbegabter Schmierfink oder ein Bansky ist.

In Europa dagegen sehen Bahnüber- und untergänge aus wie in einem apokalyptischen Zombiefilm, was aber für viele Einwohner einen besonderen Charme ausmacht. Nur auf der eigenen Hauswand will man so etwas dann doch nicht haben, aber darauf nehmen Sprayer in der Regel ebensowenig Rücksicht. In Wahlkampfzeiten werden in Deutschland sogar Häuser von Politikern besprüht oder mit Farbbeuteln beworfen, wo man bei der chinesischen Polizei sofort eine Sonderermittlungsgruppe bilden und nicht eher ruhen würde, bis ein solches Verbrechen aufgeklärt und bestraft ist.

Auch alkoholisierte Jugendliche oder pöbelnde Drogenabhängige wird man auf Chinas Straßen vergeblich suchen, während das in Deutschland und sonstwo in Europa zum nächtlichen Flair gehört. Es gibt auch in China Asoziale, die mal eine Dose oder einen Zigarettenstummel auf die Straße werfen, aber dort ist sich der Delinquent dessen bewusst, dass er gerade ein Eigentumsdelikt begangen hat, dass er nämlich das Eigentum all seiner Mitbürger beschmutzt hat, welches alle zusammen mit ihren Steuermitteln finanziert haben. Dieses Bewusstsein fehlt aber leider oft in Europa, so dass es meistens einfach Gedankenlosigkeit und fehlende Erziehung ist, wenn jemand einen Kaugummi oder seine Atemmaske in den Gulli wirft oder auf den Bürgersteig rotzt.

Allerdings ist ein solches sozial unverträgliches Verhalten leider öfter von Jugendlichen zu beobachten, die aus gescheiterten Ländern nach Deutschland eingewandert sind. Offensichtlich sind sie schlecht integriert, was auch daran liegt, dass in Deutschland Integration daraus zu bestehen scheint, dass man ihnen alles durchgehen lässt, sogar noch mehr als einem Einheimischen, dass man straffälligen Jugendlichen einen gutmütigen Sozialarbeiter zur Seite stellt, der für den

Delinquenten zur Bestrafung eine Freizeitaktivität wie Boxen oder Achterbahnfahren arrangiert, statt ihn für den angerichteten Schaden aufkommen zu lassen, wie man das in China machen würde, zum Beispiel, indem man ihn in einem Umerziehungslager eine gemeinnützige Arbeit verrichten lässt.

So kommt es, dass es in vielen deutschen Städten mittlerweile No-Go-Areas gibt, wo jugendliche Banden oder mafiöse Clan-Familien das Sagen haben. Eine Sprachschule hatte vor ein paar Jahren mal eine Karte von Bonn auf ihrer Webseite veröffentlicht, auf der solche ungemütlichen Stadtbezirke verzeichnet waren, damit ausländische Sprachschüler nicht den Fehler machen, dort ein billiges Zimmer zu mieten. Allerdings musste die Schule die Karte wieder vom Netz nehmen, da es harsche Kritik seitens der Stadtverwaltung gab, denn eine solche Karte würde Ressentiments gegenüber kriminellen Jugendlichen schüren und somit die ehrenwerte Arbeit der Sozialarbeiter zunichtemachen.

Völker, hört auf die Statistiken!

So ist es nicht verwunderlich, wenn der durchschnittliche Deutsche Einwanderergruppen aus diesen Ländern eher misstrauisch beäugt, da er den Eindruck gewinnen muss, dass die Integrationsbemühungen der Sozialindustrie nicht von Erfolg gekrönt sind.

Es sind dann die schlecht erzogenen Vertreter ihrer Völker, die negativ auffallen, nicht die große Mehrheit der braven und fleißigen Landsleute. Meine beste Freundin aus China studiert Sozialwissenschaften in Peking. Sie hat mir eine Statistik geschickt, aus der hervorgeht, wie zehn verschiedene Völker der Welt zueinander stehen.

Leider habe ich die entsprechende Tabelle nicht im Internet gefunden, deswegen habe ich die Daten meiner Freundin selbst noch mal in eine Excel-Tabelle eingegeben und ein paar interessante Dinge markiert.

Die Ergebnisse entsprechen ziemlich genau dem Eindruck, den auch ich anhand meiner Erfahrungen mit Menschen aus aller Welt gewonnen habe, daher möchte ich meinen lieben Lesern diese Tabelle nicht vorenthalten.

Auf einer Skala von 1 bis 10 sollten die Vertreter der jeweiligen Völker die neun anderen Völker bewerten. Die Abkürzungen in der Tabelle stehen für Chinesen, Japaner, Koreaner, Vietnamesen, US-Amerikaner, Briten, Deutsche, Franzosen, Türken, Araber und Schwarzafrikaner:

	CHI	JAP	KOR	VIE	USA	GBR	GER	FRZ	TÜR	ARB	SAF
CHI	9,0	7,1	6,7	5,1	7,3	7,3	6,9	6,8	4,7	5,2	6,3
JAP	5,3	9,2	5,8	5,7	8,2	7,7	7,3	7,0	6,9	5,9	6,0
KOR	7,3	6,9	8,5	6,2	8,5	7,4	7,1	6,9	6,8	5,9	6,3
VIE	5,9	6,3	6,8	8,5	7,0	7,3	7,2	6,9	6,6	6,0	6,1
USA	5,2	6,5	6,3	5,5	8,7	8,0	5,8	5,9	5,0	4,6	5,9
GBR	5,5	6,7	6,4	5,8	8,3	8,4	6,0	5,9	5,2	4,9	5,4
GER	6,9	7,2	6,9	7,3	8,1	6,5	7,7	6,4	5,6	5,8	6,4
FRZ	6,3	6,8	6,3	6,0	7,8	6,5	7,5	8,6	5,6	5,0	4,9
TÜR	5,5	5,7	6,0	6,3	6,9	6,5	5,8	5,9	9,0	4,9	5,0
ARB	5,1	5,1	5,4	6,1	5,2	5,6	5,7	5,3	4,7	7,8	4,4
SAF	5,2	4,7	5,1	4,5	5,3	5,3	5,8	5,4	4,3	3,9	6,3

Man sieht direkt, dass Deutsche bei fünf anderen Völkern am beliebtesten sind, abgesehen vom eigenen Volk, das alle Völker naturgemäß am meisten mögen. Auf Platz 2 der beliebtesten Völker der Welt sind die Japaner, die bei drei anderen Völkern den Spitzenplatz einnehmen. Deutsche und Chinesen mögen einander gleich gern (6,9), was ein solider Wert zu sein scheint. Von den Europäern sind die Deutschen bei allen vier aufgeführten asiatischen Völkern mit Abstand am beliebtesten, während bei den europäischen Völkern die Japaner führen, aber auch nur knapp vor Chinesen und Koreanern. Nur mäßig beliebt sind weltweit Araber und Schwarzafrikaner, was höchstwahrscheinlich an der hohen Zahl kriegerischer Auseinandersetzungen in diesen Weltregionen liegt.

Was die gegenseitige Zuneigung zwischen Chinesen und Deutschen angeht, so ist diese zwar ausbaufähig, aber auf jeden Fall erfreulicherweise in einem klar positiven Bereich. Schade, dass es keine Statistik gibt, bei der zusätzlich noch zwischen Frauen und Männern unterschieden wird, denn da würde meiner Meinung nach herauskommen, dass chinesische Frauen und deutsche Männer noch viel höhere gegenseitige Sympathiewerte haben.

Kapitel 14: Deutschland ist Europas Spitzenreiter

Autobahn der Kuscheltiere. Vielfalt statt Einfalt. Europäische Bürgerweltkriege

Autobahn der Kuscheltiere

Im letzten Kapitel bin ich vielleicht ein wenig übers Ziel hinausgeschossen, als es darum ging, typisch deutsche Marotten herauszuarbeiten. Ich hoffe aber, dass man mir das nicht als Unhöflichkeit auslegt. Denn schließlich habe ich ja vor allem diejenigen Deutschen etwas kritisch charakterisiert, die ein Problem mit ihrer deutschen Identität haben, so dass zumindest diese angesprochenen Deutschen sich nicht in ihrem Deutschsein beleidigt fühlen dürften. Aber man weiß ja nie, vielleicht ist es ja eine besondere Art von Nationalstolz, nicht stolz auf sein Volk oder sein Land zu sein.

Wenn dem so sein sollte, dann sollten Träger dieses besonderen Stolzes jetzt lieber nicht weiterlesen: Ihr Deutschen seid für uns Chinesen mit Abstand die beliebtesten Langnasen! Und das liegt, wie ich wahrscheinlich schon wiederholtermaßen dargelegt habe, am deutschen Erfindergeist, an der deutschen Tüchtigkeit, an der deutschen Gründlichkeit, an der deutschen Ehrlichkeit und an der deutschen Sauberkeit. Auch wenn Deutschland etwa in der Corona-Krise nicht so geschickt agiert hat wie andere Länder, indem es zum Beispiel ganz uneigennützig anderen Völkern den Vortritt bei den Impfstoffen gelassen hat, reicht eigentlich nur ein aufmerksamer Roadtrip quer durch Europa, um Deutschland den Vorzug vor allen anderen europäischen Ländern zu geben.

Sind Sie schon mal in Großbritannien auf einer Autobahn gefahren? Achten sie mal auf die Seitenstreifen: Das ist ein regelrechter Friedhof der Kuscheltiere. Tote Vögel, platte Kaninchen, Fuchsleichen und andere undefinierbare Kadaver säumen die Straßen. Ich verstehe nicht, warum die Engländer dieses ganze Aas einfach liegen und verwesen lassen. In Deutschland dagegen ist ein überfahrenes Tier nach spätestens einem Tag entsorgt.

Vielfalt statt Einfalt

Und nicht nur innerhalb Europas gibt es eine faszinierende Vielfalt an Völkern, Menschen, Kulturen, Sprachen und Landschaften, sondern auch innerhalb Deutschlands, ein Land, das so groß ist wie eine chinesische Kleinprovinz. Und dieses kleine Deutschland bestand vor kaum 150 Jahren noch aus zig Kleinstaaten, die sich erst unter dem Druck ausländischer Mächte freiwillig zusammenschlossen, um sich gemeinsam besser verteidigen zu können und um ihre vielfachen Identitäten zu bewahren.

Und gerade diese Vielfalt war das kulturelle und wissenschaftliche Erfolgsrezept der Deutschen. Es gab lange Zeit keinen zentralistischen und absolutistischen Herrscher, der alles gleichgeschaltet hätte, sondern es konnten sich Bildung, Kultur und Wissenschaft in einem freien Wettbewerb entfalten und blühen, wie in einem kontinentalen Versuchslabor.

Wäre China im 15. Jahrhundert kein monolithischer Block, sondern wie Europa oder später Deutschland ein Konglomerat aus Dutzenden von streitenden Reichen gewesen, hätte Admiral Zheng He höchstwahrscheinlich einen Sponsor gefunden, der seine Wettbewerber ausstechen wollte, um einen schnelleren Seeweg nach Europa zu erschließen, so dass Amerika von Chinesen entdeckt und erobert worden wäre und Kolumbus in die Röhre geschaut hätte.

Von dieser fruchtbaren Vielfalt der deutschen Kleinstaaterei profitierte auch zunächst das erst 1870 entstandene Deutsche Reich, in dem alle deutschen Kleinstaaten zusammenschmolzen. Das Deutsche Reich überholte technologisch und wissenschaftlich bald den früheren Vorreiter Großbritannien und hängte auch den Erzfeind Frankreich um Längen ab. Mehr als die Hälfte der wissenschaftlichen Patente weltweit kamen damals aus Deutschland, und Deutsch war die Sprache, in der die meisten wissenschaftlichen Fachaufsätze erschienen. Deutsche räumten etwa die Hälfte aller Nobelpreise ab, was man nicht oft genug wiederholen kann.

Europäische Bürgerweltkriege

Europa hätte mit Deutschland als Vorreiter eine friedliche und freie Handelszone schaffen können, hätte sich mit rasanter Geschwindigkeit weiterentwickelt und den Vorsprung gegenüber China um mindestens ein halbes Jahrhundert ausgebaut. Aber die europäischen Mächte gönnten sich gegenseitig den Erfolg nicht, verstanden sich zunehmend als Feinde denn als Handelspartner, mit denen zusammen man einen Riesenkuchen zum Wohle der ganzen Welt backen könnte. Diese absurde Feindschaft unter Brudervölkern – die

Monarchen dieser Länder waren sogar teilweise miteinander verwandt – eskalierte dann im Ersten Weltkrieg. Auch europäische Historiker sind immer noch ratlos, wie es dazu kommen konnte, wobei mittlerweile die These vorherrscht, man habe sich irgendwie geistesabwesend in diesen Krieg hineingeschlafwandelt.

Chinesische Historiker schauen umso verwunderter auf die damalige Zeit in Europa, als ein ganzer Kontinent nach jahrzehntelangem zweistelligem Wirtschaftswachstum und der immer größer werdenden Aussicht auf Wohlstand für alle plötzlich so übermütig wurde, die Früchte ihrer enormen Arbeit zu verspielen, zu vernichten und die weiteren dreißig bis vierzig Jahre lang zu stagnieren. Wir Chinesen verstehen zwar immer noch nicht, was da bei Euch Europäern im Kopf vor sich ging, aber wir haben eine Lehre daraus gezogen:

Man darf nicht tollwütig um sich hauen, wenn es einem zu gut geht, sondern man muss das Erreichte sichern und sorgfältig planen, wie man die Früchte seiner Leistungen noch mehr vermehrt. Deswegen tun wir den Teufel und zetteln einen Krieg mit Taiwan, geschweige denn mit den USA an. Nein, wir investieren weiter in unsere Zukunft, und geben nicht eher Ruhe, bis jeder Chinese ein liebenswertes und sorgenfreies Leben führen kann.

Gerne helfen wir auch anderen Nationen, doch jeder ist seines Glückes Schmied, und wir sind nicht darauf aus, die ganze Welt zu erobern. Durch den enormen technischen Fortschritt ist es längst nicht mehr nötig, sich neuen „Lebensraum" im Osten oder im Westen oder auch im Norden zu verschaffen. Unser Land ist groß genug, um irgendwann jeden Chinesen glücklich machen zu können.

Natürlich reisen wir gerne auch in andere Länder, handeln mit ihnen, kaufen das, was andere besser machen können und verkaufen das, was wir selbst besser machen. Es gibt ja im Westen allen Ernstes Theoretiker, die meinen, ein Krieg sei gut für die Konjunktur, weil durch die Zerstörungen die Nachfrage angekurbelt werde. Das ist mit Verlaub eine Theorie, die sich wieder nur postmoderne Logik-Verrenker aus dem Westen ausdenken können, eine Theorie die so offensichtlich falsch ist, dass ich das jetzt nicht weiter ausführen möchte.

Ich sprach jetzt nur vom Mysterium, wieso der Erste Weltkrieg entfesselt werden konnte, und ließ den Zweiten Weltkrieg außen vor. Aber was nach dem Ersten Weltkrieg folgte, sind im Grunde relativ einleuchtende und nachvollziehbare Entwicklungen, was natürlich keineswegs heißt, dass man die grausamen Verbrechen und das menschliche Leid irgendwie relativieren oder gar rechtfertigen will. Aber dass die Deutschen, denen die Alleinschuld am Ersten Weltkrieg zugewiesen wurde und die alles verloren, was sie sich fünf Jahrzehnte vorher mit Fleiß und Einfallsreichtum aufgebaut hatten, irgendwie enttäuscht, sauer und auch rachsüchtig reagierten, sollte uns nicht verwundern.

Wir Asiaten sehen das vielleicht nüchterner als Ihr Deutschen selbst oder eure damaligen Kriegsgegner, die natürlich froh waren, den europäischen Erzrivalen erst einmal bezwungen zu haben und ihn auf unabsehbare Zeit zu Reparationen, Umverteilungen und EU-weiten Schuldenausgleichszahlungen heranziehen zu können. Uns Chinesen, auch wenn wir vergleichsweise sanftmütige Asiaten sein mögen, hätte uns diese Demütigung auch sehr zu knabbern gegeben. Vielleicht hätten wir keine Völkermorde begangen, aber dass Asiaten auch zu so etwas fähig sind, zeigt unter anderem das von den Japanern begangene Massaker von Nanking.

Eben sprach ich davon, dass die Zersplitterung Europas und früher auch Deutschlands ein Rezept für friedlichen Wettbewerb und infolgedessen für das Erblühen von Kunst und Wissenschaft waren. Die Bruderkriege, die europäische Völker gegeneinander geführt haben, führten in der Neuzeit zu der Lehre, dass man nur gemeinsam stark ist und dass man Europa vereinen muss. Das ist aber nicht unbedingt richtig, wenn man Vielfalt als Erfolgsrezept ansieht. Klar ist es gut, wenn Europa militärisch nur nach außen statt nach innen stark ist. Es gibt aber die Doktrin, dass Europa auch in allen anderen Bereichen zusammenwachsen muss, bis tatsächlich ein einheitliches europäisches Volk entstanden ist.

Ein solcher Einheitsbrei wäre nicht nur weniger attraktiv für jeden chinesischen Touristen, sondern würde auch jedem einzelnen Europäer nachhaltig schaden. Ein Fehler, den eine einheitliche Regierung macht, würde sich sofort auf ganz Europa auswirken. Bei einem subsidiären Europa der Vielfalt würde ein Regierungsfehler dagegen erst einmal nur eine Region betreffen und alle anderen würden aus diesem Fehler lernen. Diese Lektion muss vielleicht auch China noch lernen und das Prinzip „Ein Land, zwei Systeme" nicht nur auf Hongkong und Taiwan anwenden, sondern auch auf andere Regionen.

Das Prinzip „Ein Land, hundert Systeme" würde vielleicht jenen segensreichen Wettbewerb auslösen, der vor einigen Jahrhunderten die Weichen für Europas dominierende Rolle in der Welt gestellt hat. Aber wir wollen es ja nicht übertreiben, denn China ist eh schon auf dem Weg zur dominierenden Weltmacht, allerdings mit freundlicher Schützenhilfe des Westens, der seine alten Tugenden und Wettbewerbsvorteile aufgibt. Doch indem das gute alte Europa immer zentralistischer wird, gibt es auch China ein schlechtes Beispiel, aus dem es ganz gewiss lernen wird – nur so als Tipp!

Kapitel 15: Fazit und Ausblick: Was Chinesen und Deutsche voneinander lernen können

Sezierendes und inkorporierendes Denken. Lernen von kleinen Tigern und großen Drachen. Kant und Konfuzius, vereinigt Euch!

Sezierendes und inkorporierendes Denken

Das klingt jetzt wahrscheinlich sehr anmaßend, wenn eine junge Chinesen zwei großen Völkern der Welt Ratschläge gibt, was sie voneinander lernen können. Aber genau dazu haben mir meine deutschen Freunde geraten, die dieses Buchprojekt wohlwollend unterstützt haben. Das sei nämlich die natürliche Abrundung für so ein Buch und würde irgendwie von den deutschen Lesern auch erwartet. Dabei habe ich mich schon sehr aus dem Fenster gelehnt, als ich in den vorangegangenen Kapiteln versucht habe, die Gefühlswelten der Deutschen zu ergründen, während ich aus meiner Sicht Seltsames und Widersprüchliches entdeckt und beschrieben habe.

Was ist der Hauptunterschied zwischen dem chinesischen und dem deutschen Denken? Statt „deutsches" könnte ich jetzt auch allgemein „europäisches" oder „westliches" Denken sagen, aber womöglich ist Deutschland gerade ein prototypisches Musterbeispiel für die westliche Denkart.

Um es auf einen prägnanten Nenner zu bringen: Das deutsche Denken ist sezierend und trennend, das chinesische Denken ist ganzheitlich und inkorporierend. Das ist natürlich nur eine Überspitzung, die nicht auf jedes einzelne chinesische und deutsche Individuum zutrifft, aber sie stellt eine gute Charakterisierung von kulturell erworbenen Denkgewohnheiten und Memen dar.

Beide Denkgewohnheiten haben Vor- und Nachteile, und daher liegt möglicherweise in der Synthese beider Herangehensweisen ein Vorteil für beide Völker, wobei in der Praxis eine solche ausgleichende Synthese zwischen den beiden Extremen garantiert schon längst gewinnbringend stattfindet oder auch bei sehr vielen Individuen stets schon stattgefunden hat.

Der Vorteil des sezierenden und trennenden Denkens ist die analytische Schärfe, die man braucht, um präzise wissenschaftlich arbeiten zu können und dabei falsche von richtigen Schlussfolgerungen strikt zu trennen, um am Ende ein eindeutiges Resultat für die Lösung eines Problems zu erzielen.

Der Nachteil dieses Denkens ist, dass man geneigt ist, es auch auf Bereiche anzuwenden, die mehr Flexibilität und Geduld erfordern, etwa auf den Bereich zwischenmenschlicher Beziehungen oder auch bei moralischen Wertmaßstäben, also auch bei Philosophie und Religion. Dieses Denken verleitet auch dazu, zwar sezierend vorzugehen, aber dabei die tieferen Prämissen und obersten Grundlagen zu vernachlässigen oder sich daher allzu schnell verleiten zu lassen, eine Doktrin, die gerade in Mode ist, als allgemeingültige Grundlage anzuerkennen. Man bekommt also ein bestimmtes Problem vorgesetzt, etwa wie man einen perfekten Elektromotor baut, und verfolgt dieses Ziel mit großer Präzision, bis die bestmögliche Lösung erzielt wurde, verschwendet aber wenig Gedanken daran, ob der Elektromotor wirklich der Weisheit letzter Schluss ist.

Das ganzheitliche Denken dagegen trennt nicht so scharf zwischen Schwarz und Weiß, sondern sieht alles, kleiner Scherz am Rande, in einem pragmatischen Gelbton. Die Grundlagen werden weiter gefasst bis hin zur intuitiven Erkenntnis, dass es keinen logischen Urgrund gibt und dass man daher etwas flexibler sein sollte, bevor man sich auf Teufel komm raus zwischen zwei oder mehr Dingen entscheiden muss.

Der Vorteil dieses Denkens ist eine größere Offenheit für Alternativen oder auch die Bereitschaft, mehrere Alternativen gleichzeitig gelten zu lassen oder miteinander zu verschmelzen. In Bezug auf Religion, Philosophie und Staatswesen herrschte diese inkorporierende Denkweise in China bis ins 19. Jahrhundert vor, so dass es kein sich ausschließendes Verständnis für Religionen, Kultur und Politik gab. Erst die sezierenden und trennenden Ideologien des Westens wie die religiösen und politischen Erlösungsphilosophien mit eindeutiger Zielvorstellung führten auch in China sich ausschließende und trennscharfe Bewegungen wie Taiping, Nationalismus und Marxismus ein.

Lernen von kleinen Tigern und großen Drachen

Höhepunkt dieses westlichen Denkens war die Zeit des Maoismus, der getreu der marxistischen Heilslehre die Menschen in verschiedene sich einander ausschließende Klassen einteilte, von denen die Bourgeoisie eine mit den anderen unkompatible Klasse war, die es bis in die letzte Konsequenz auszulöschen galt.

Erst Deng Xiaoping und die Reformer nach Maos Tod lösten sich wieder von diesem westlichen Schwarz-Weiß-Denken und knüpften an die gute alte chinesische Tradition an, scheinbar Gegensätzliches miteinander zu versöhnen, so dass eine Symbiose aus Kapitalismus und Kommunismus gefunden wurde, die im Gegensatz zu allen anderen sozialistischen Experimenten von Sowjetunion bis Venezuela das alte kommunistische Heilsversprechen von Wohlstand für alle in greifbare Nähe hat rücken lassen.

Dass die westlichen Linken die enormen Erfolge des chinesischen Kommunismus nicht sehen wollen und stattdessen lieber faule Rosinen rauspicken wie Umweltverschmutzung und Wanderarbeiter, liegt an der zuvor beschriebenen Weigerung, bestimmte Grundlagen in Frage zu stellen oder aufzuweichen und stur das Programm des kommunistischen Manifests als Messlatte für den Erfolg des echten Kommunismus oder des Sozialismus heranzuziehen.

Wenn die Prämisse aber „Wohlstand für immer mehr Menschen" lauten würde, dann müsste man eingestehen, dass das chinesische Modell alle anderen sich als sozialistisch bezeichnenden Modelle um Längen geschlagen hat. Wir Chinesen haben das deswegen rechtzeitig erkannt, weil wir auch sehr naheliegende Vorbilder hatten, nämlich Taiwan und Hongkong. Auch wenn die allermeisten Chinesen sich die Wiedervereinigung wünschen, haben selbst hartgesottene Marxisten gegen Ende der Mao-Zeit neidlos anerkennen müssen, dass der Kapitalismus unseren Landsleuten in

Taiwan und Hongkong ungleich mehr Früchte beschert hat als es der maoistische Kollektivismus je vermocht hätte.

Mit solchen Lernprozessen tut sich der Westen einfach schwerer, obwohl er dank seiner politischen Zersplitterung viel mehr Möglichkeiten hat, aus Fehlern anderer Länder mit ähnlichen Menschen zu lernen. Warum kopieren nicht alle Länder Europas die Marktwirtschaft und das politische System der Schweiz, das seinen Bürgern mit großem Abstand den größten Wohlstand beschert? Warum nehmen sich südamerikanische Länder nicht ein Beispiel am marktwirtschaftlich orientierten Chile, statt vulgärsozialistische Experimente auf Kosten des Volkes zu machen wie in Venezuela?

Kant und Konfuzius, vereinigt Euch!

Ich bin vielleicht wieder zu sehr ins Politische abgedriftet. Ansonsten finde ich aber, dass Ihr Deutschen so bleiben solltet wie Ihr seid: Ehrlich, immer offen seine Meinung sagen und die Meinung anderer zwar tolerieren, aber offen Kritik üben, wo immer man das für nötig hält. Diese Offenheit führt vielleicht im persönlichen Bereich nicht immer zur Harmonie, ist aber in Bezug auf die Unternehmensführung und auf geschäftliche Beziehungen sehr wichtig, um Missverständnisse zu vermeiden und viel Zeit zu sparen.

Der Deutsche sollte sich vielleicht nur fragen, wie echt seine gerne zur Schau getragene Individualität ist, wenn die Schablonen dafür im Endeffekt doch vom sozialen Umfeld und von den Medien geliefert werden. Er könnte sich eingestehen, dass Individualität kein Selbstzweck ist, sondern auf ethischen Grundlagen beruhen muss.

Als eine solche einfache moralische Grundlage schlage ich das Bonmot des Konfuzius vor, dass keiner anderen das antun solle, was er nicht wünscht, dass man ihm selbst antue. Diese Doktrin, die in Deutschland ja auch von Kant etwas komplizierter formuliert wurde, zieht logischerweise das Prinzip nach sich, dass die individuelle Freiheit dort aufhört, wo man andere unschuldige Menschen an der Ausübung ihrer Freiheit hindert, also Zwang anwendet.

Dieses Prinzip setzt jedem politischen System enge Grenzen, auch der Demokratie, denn niemand sollte darin überstimmt werden dürfen, seine Freiheit aufgeben zu müssen, egal ob sich diese Mehrheit durch den kommunistischen Volkswillen ausdrückt oder durch eine Regierung, die von einer Mehrheit der Wähler bestimmt worden ist. Ich denke, dass China von diesem konfuzianischen oder Kant'schen Ideal mittlerweile nicht weiter entfernt ist als der Westen, aber natürlich gibt es unter dem Himmel noch sehr viel Luft nach oben.

Impressum

ISBN: 979-8369686119

Sprachenstadt Verlag
Lingustan UG
Am Waldhang 1
53127 Bonn

verlag@sprachenstadt.de

Lektorat und Cover: Björn Tscheridse